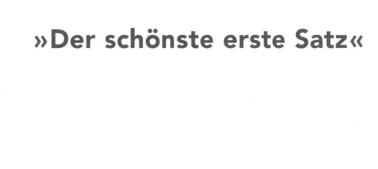

»Der schönste erste Satz«

Der Wettbewerb **»Der schönste erste Satz«** wurde veranstaltet von

www.initiative-deutsche-sprache.de

Stiftung **Lesen**

www.stiftunglesen.de

Träger

 GOETHE-INSTITUT

Partner  **Heinz Nixdorf Stiftung**

Stifterverband
für die Deutsche Wissenschaft

Jury

Prof. Dr. Jutta Limbach, Heiner Brand, Thomas Brussig, Elke Heidenreich, Paul Maar, Marietta Slomka

Die **Initiative Deutsche Sprache**, eine vom Goethe-Institut und der Gemeinnützigen Hertie-Stiftung gegründete gGmbH, möchte die Freude und das Interesse an der deutschen Sprache wecken – im Inland und im Ausland. Sie steht unter der Schirmherrschaft des Bundespräsidenten und hat ihren Sitz in Berlin. Ihre Partner sind die Heinz Nixdorf Stiftung und der Stifterverband für die Deutsche Wissenschaft.

Die **Stiftung Lesen** steht seit 1988 traditionell unter der Schirmherrschaft der Bundespräsidenten. Als größtes Leseförderungs-Netzwerk in Deutschland entwickelt und realisiert sie kontinuierlich eine Vielzahl von Kampagnen und Projekten, um das Lesen in der Medienkultur zu stärken. Vor allem Kindern und Jugendlichen will die Stiftung Lesen den Spaß am Lesen vermitteln. Zu ihren Mitgliedern gehören über 50 Kulturorganisationen und Wirtschaftsunternehmen aus den verschiedensten Bereichen.

»Der schönste erste Satz«

Eine Auswahl der charmantesten und eindrucksvollsten
Beiträge zum internationalen Wettbewerb
»Der schönste erste Satz«

Herausgegeben von der Initiative Deutsche Sprache
und der Stiftung Lesen

Hueber Verlag

Inhalt

Auf der Suche nach den schönsten ersten Sätzen der deutschsprachigen Literatur

Prof. Dr. Jutta Limbach
Präsidentin des Goethe-Instituts

Der erste Satz ist wichtig – nicht nur in der Liebe, sondern auch in der Literatur. Oft ist es der erste Satz, von dem es abhängt, ob wir ein Buch mögen, ob wir berührt werden und uns voller Neugier auf das Versprechen einer guten Geschichte einlassen.

Um der Magie erster Sätze auf die Spur zu kommen, haben die Initiative Deutsche Sprache und die Stiftung Lesen den internationalen Wettbewerb »Der schönste erste Satz« ausgeschrieben. Erwachsene, Jugendliche und Kinder waren aufgerufen, den Titel eines deutschsprachigen Buches vorzuschlagen, dessen erster Satz sie besonders bezaubert, beeindruckt oder neugierig gemacht und der das Versprechen auf ein aufregendes Lesevergnügen eingehalten hat.

Dabei reichte es nicht, lediglich einen Satz in den Ring zu werfen, die Teilnehmer mussten auch erklären, warum gerade dieser Satz es ihnen angetan hat: Welche Erwartungen weckt er? Welche Stimmung löst er aus? Und vor allem: Hält die Geschichte, was der erste Satz verspricht?

Mehr als 17.000 Menschen aus über 60 Ländern von Kanada bis Malaysia sind dem Aufruf der Initiative Deutsche Sprache und der Stiftung Lesen gefolgt und haben sich auf die Suche nach dem schönsten ersten Satz deutschsprachiger Romane und Erzählungen gemacht. Zur Wahl standen Bücher von der Unterhaltungsliteratur bis zu den Klassikern sowie Kinder- und Jugendbücher.

Besonders gefreut haben wir uns über die große Begeisterung, mit der sich Schülerinnen und Schüler der 5. bis 13. Klassen auf die Suche nach schönen ersten Sätzen gemacht haben. 470 Schulklassen waren es, die sich am Wettbewerb beteiligt haben. Während in einigen Klassen jede Schülerin und jeder Schüler ein persönliches Votum abgegeben hat, wurden in anderen Klassen ausführliche Diskussionen geführt. Die Lehrerin einer fünften Klasse schrieb uns: »Als ich beschloss, an diesem Wettbewerb teilzunehmen, war die Begeisterung in der Klasse nicht gerade groß. Dennoch kamen alle Schüler mit Karteikarten und Stift bewaffnet in die Bücherei. Dort geschah dann etwas sehr Erstaunliches ... Selbst die größten Lesemuffel stöberten durch die Gänge oder suchten sich ein ruhiges Plätzchen zum Lesen. Schüler, die schon seit einem halben Jahr kein Buch mehr ausgeliehen hatten, konnten gar nicht aufhören zu lesen.«

Hätte die Mehrheit der Wettbewerbsteilnehmer darüber entscheiden dürfen, welcher Satz die Kür zum schönsten ersten Satz gewinnt, so hätte Franz Kafkas Erzählung »Die Verwandlung« den Sieg davongetragen. Seine Geschichte von Gregor Samsa, der sich nach einer unruhigen Traum-Nacht zu einem »ungeheuren Ungeziefer« verwandelt findet, wurde von den erwachsenen Teilnehmern des Wettbewerbs mit Abstand am häufigsten genannt. Dicht auf Kafkas Fersen folgte Max Frischs berühmter Einstieg in seinen Roman »Stiller«: »Ich bin nicht Stiller!« Den Kindern und Jugendlichen gefiel besonders der Satz »Es fiel ein feiner, wispernder Regen«, mit dem Cornelia Funke ihren Roman »Tintenherz« beginnt.

Das häufige Votum für Franz Kafkas Auftakt zu seiner Erzählung »Die Verwandlung« zeigt, dass es bei der Wahl des schönsten ersten Satzes nicht um Schönheit im herkömmlichen Sinne ging. Es waren nicht nur diejenigen Sätze, die im Leser angenehme Empfindungen hervorrufen, schöne Bilder vor dem inneren Auge erzeugen oder wie schöne Musik klingen, die es schafften, die Leser und Leserinnen für sich einzunehmen. Die Teilnehmer entschieden sich vor allem für Sätze, denen es gelingt, starke Gefühle zu wecken: Überraschung und Schrecken, Sehnsucht und Traurigkeit, Erstaunen und Neugier. Sie wählten Sätze, die ihren Lesern mehr über einen anderen Menschen offenbaren, als dieser je zu erzählen bereit gewesen wäre. Oder aber Sätze, die die Leserinnen und

Leser darin bestätigen, dass ihre Erfahrungen und Überzeugungen auch von anderen Menschen erlebt und geteilt werden.

So vielfältig die Gründe der Leserinnen und Leser für die Wahl ihres Lieblingssatzes auch sind, eine Bedingung erfüllen alle Sätze: Sie lassen uns nicht kalt, sie wecken Interesse, im besten Fall sogar Neugier, und schon nach dem ersten Satz zögern wir keine Sekunde, der Spur, die er gelegt hat, zu folgen.

Während wir im Wettbewerb streng verfahren sind und nur erste Sätze von Romanen und Erzählungen zugelassen haben, die in deutscher Sprache verfasst wurden, sind wir bei der Auswahl für dieses Buch großzügiger vorgegangen. Wir haben einige Übersetzungen zugelassen und die Tatsache gewürdigt, dass für sehr viele Menschen der erste Satz der Schöpfungsgeschichte zu den faszinierendsten unseres Kulturkreises gehört.

Dass wir den Sachbüchern die kalte Schulter gezeigt und sie vom Wettbewerb ausgeschlossen hatten, erwies sich als Fehler. Einige der charmantesten ersten Sätze und schönsten Begründungen sind diesem Genre gewidmet: darunter Reisebeschreibungen, Hobbybücher, philosophische Werke und sogar ein Haushaltsbuch aus den Siebzigerjahren, das eine russische Teilnehmerin in einem Antiquariat entdeckte.

Die vielfältigen Vorschläge, die zu unserem Wettbewerb eingegangen sind, haben uns schon längst vergessene Werke ins Gedächtnis gerufen und uns auf Autoren und Bücher aufmerksam gemacht, von denen wir noch nie etwas gehört hatten. Vor allem aber erzählen sie viel vom Reichtum unserer Literatur – und darüber, warum Lesen so schön und so kostbar ist.

»Der schönste erste Satz«
Eine Auswahl der charmantesten und eindrucksvollsten
Beiträge zum internationalen Wettbewerb

»Mir fällt nichts mehr ein.«

Wolfgang Hildesheimer, Vergebliche Aufzeichnungen (Frankfurt am Main: Suhrkamp 1989; Erstausgabe: 1962)

Endlich einmal ein Text, der mich als Leser ernst nimmt und der mich nicht mit dem Gefühl allein lässt, eine komplette Fantasienull zu sein. Bei jedem anderen Roman, jeder Erzählung und jeder noch so kurzen Kurzgeschichte wird mir vor Augen geführt, wie voll doch die Welt von Ideen ist, die nur darauf warten, aufgenommen, entwickelt und erzählt zu werden. Und mit welcher Federleichtigkeit das alle tun. Alle. Außer mir.

Jakob Gillmann, Moosseedorf, Schweiz

»›Opaaaaa!‹, schreit Friederike, als sie auf dem Treppengeländer nach unten rutscht, ›Opaaaaa!‹«

Jule Sommersberg, Opa macht Geschichten (Stuttgart: Gabriel 2001, Erstausgabe)

Mir gefällt der erste Satz so gut, weil das Wort »Opa« darin steckt. Opa ist in fast jeder Familie ein liebevoller Mensch so wie in diesem Buch. Darin steht geschrieben, dass Opa ein sehr lustiger Mensch ist. Das weckt bei mir wieder richtig familiäre Gefühle. Ich möchte auch wieder etwas mit meinem Opa machen, obwohl er bei manchen schon tot ist.

Stefanie Nickel, Lahnstein, 6. Klasse

»Eines Nachts, als der Sommer am tiefsten war, zog ich die Tür hinter mir zu und ging los, so geradeaus wie möglich nach Osten.«

Wolfgang Büscher, Berlin–Moskau, eine Reise zu Fuß (Reinbek bei Hamburg: Rowohlt 2007; Erstausgabe: 2003)

Einmal loslaufen und eine Weile nicht mehr damit aufhören, immer weiter und weiter laufen, wer würde es nicht gerne einmal versuchen? Loslaufen, ohne davonzulaufen. Nicht um des Zieles, sondern des Weges willen. Ohne die Grenzen dabei schon vor Augen zu haben, ohne sich im Kopf die Kilometerzahl auszurechnen, die noch zurückzulegen ist. Mit dem Gefühl im Bauch, dass der Weg das Ziel und das Ziel nicht das Ende der Reise ist.

Wir Menschen gehen nicht mehr auf Wanderschaft. Wir setzen uns ins Auto, in den Zug oder das Flugzeug und bekommen nicht genug Zeit, zu merken, wie schnell wir plötzlich dort sind, wo wir vorher noch nie waren. Freiheitsgefühl? Fehlanzeige. Abenteuerlust? Zeit für erstaunliche, schöne, traurige, sentimentale oder berührende Gedanken, Entdeckungen? Nein. Keine Zeit für atemberaubende Landschaften, Sonnenauf- und Sonnenuntergänge, für schmerzende Füße und richtigen Kohldampf von der vielen frischen Luft.

Wir stehlen uns selbst wertvolle Augenblicke, und die restlichen halten wir krampfhaft mit der Kamera fest, in der Hoffnung, den Moment zu Hause immer wieder nacherleben zu können, anstatt ihn einfach zu genießen.

Im Innersten hätten wir alle gerne den Mut, genau das zu tun: loszulaufen und das genaue Rückkehrdatum nicht zu kennen, mit Gewissheit in die Ungewissheit zu gehen – zu Fuß. Im Osten geht die Sonne auf – vielleicht auch für uns selbst.

Beate Kury, Waldkirch

»Entweder mache ich mir Sorgen oder was zu essen.«

Ildikó von Kürthy, Blaue Wunder (Reinbek bei Hamburg: Rowohlt 2005; Erstausgabe: 2004)

Als ich viele verschiedene erste Sätze gelesen habe, wollte ich Ihnen schreiben, warum ich diese gut finde. Aber nur, weil es die Aufgabe für den Deutschunterricht war und nicht, weil ich sie irgendwie besonders gut fand, sondern lediglich o. k.
Dieser Satz ist im Gegensatz zu den anderen Sätzen einfach genial. Er hat mich sogar ein wenig zum Lachen gebracht, weil er mich an mich selbst erinnert, denn ich habe eigentlich immer Hunger. Ich hätte nie gedacht, dass mich einmal ein Satz, den ich in einer Deutschstunde lese, zum Lachen bringen würde. Das ist ein entscheidender Grund, warum mich dieser Satz so fasziniert.
Philip Grote, Bremen, 17 Jahre

»Wer reitet so spät durch Nacht und Wind?«

Johann Wolfgang von Goethe, Erlkönig (Frankfurt am Main: Insel 2007; entstanden 1782)

Der einzige Satz, den ich gleich verstanden habe (30 Jahre her, während Deutschunterricht).

Esther Rijken, Voorschoten, Niederlande

...

Was? Die deutsche Sprache singt? Das hörte ich gar nicht, als ich Deklinationen und unregelmäßige Verben lernte. Aber dieses Jahr, als der Deutschlehrer mit Herz und Leidenschaft dieses Gedicht las, habe ich klar gehört: Die deutsche Sprache klingt und singt so schön!

Cécile Witrant, Uxem, Frankreich

»An den Ufern der Havel lebte, um die Mitte des sechzehnten Jahrhunderts, ein Roßhändler namens Michael Kohlhaas, Sohn eines Schulmeisters, einer der rechtschaffensten zugleich und entsetzlichsten Menschen seiner Zeit.«

Heinrich von Kleist, Michael Kohlhaas (Frankfurt am Main: Insel 2002; Erstausgabe: 1810)

Die beiläufige, nicht sonderlich aufregende Auskunft über das Leben und die Herkunft des Michael Kohlhaas wird durch die zupackende Beschreibung seiner Person zu einer Einleitung, die Spannung und Neugier erzeugt. In der auf den ersten Blick so widersprüchlichen Charakterisierung wird die dramatische Metamorphose eines braven Bürgers, den, wie es wenige Zeilen später heißt, das »Rechtgefühl zum Räuber und Mörder« machte, mehr als nur angedeutet. So entfaltet die Frage, wie und warum es dazu kommt, ihre Anziehungskraft auf den Leser bereits im ersten Satz. Ein starker Einstieg in ein großes, immer noch aktuelles Thema: Gerechtigkeit und Rechtsstaat.

Norbert Lammert, Präsident des Deutschen Bundestages, Berlin

»Phantasie ist Erfahrung.«

Martin Walser, Meßmers Reisen (Frankfurt am Main: Suhrkamp 2005; Erstausgabe: 2003)

Ich bin Punk und kein Walser-Fan. Aber sein Buch »Meßmers Reisen« hat mich gepackt.
Es ist ja kein Roman, sondern eine Sammlung von Fragmenten.

> Ich war so begeistert von »Meßmers Reisen«, dass ich Walser ein Fax schickte. Es gibt in
> Überlingen noch einen Gynäkologen namens Walser. Ich schrieb in dem Fax, dass, falls das
> Fax beim Gynäkologen landet, er es doch bitte an den Schriftsteller weiterleiten solle.
> Das Fax kam aber direkt bei Martin Walser an, und er hat mir tatsächlich einen Brief
> zurückgeschrieben. Da war ich kleiner Punk ganz stolz!

Fantasie ist Erfahrung. Widersprüchlich? Ich glaube nicht. Nur mit Fantasie macht man
Erfahrungen.

Detlef Schiermeister, Ense-Niederense

»Mein Onkel war Stiftsbibliothekar und Prälat, seine Hüte hatten eine breite, runde Krempe, und gedachte er die Blätter einer tausendjährigen Bibel zu berühren, zog er Handschuhe an, schwarz wie die Dessous meiner Mama.«

Thomas Hürlimann, Fräulein Stark (Frankfurt am Main: S. Fischer 2006; Erstausgabe: 2001)

Riecht das nicht schon nach einer *affaire scandaleuse*? Die Handschuhe, die Dessous? Ahnt
man nicht hier schon die Bigotterie des scheinheiligen Stiftsbibliothekars und Prälaten mit
den Schnallenschuhen und den rotseiden aufleuchtenden Rocksäumen, der im Reich der
Bücherheiligtümer ebenso zu Hause ist wie in der profanen Fleischeswelt? Wie sie knistern
beim Überstreifen – die seidenen Handschuhe der Familie Katz und die schwarzen
Dessous ...

> Es ist keine Sünde, dass wir gern zuschauen dabei, und sei es durch das Schlüsselloch
> der alten Stiftsbibliothek. So macht Lesen Spaß.
>
> Armin König, Illingen

»Als ich jung war, habe ich wie die meisten jungen Menschen geglaubt, ich müsste jung sterben.«

Monika Maron, Animal triste (Frankfurt am Main: S. Fischer 2003; Erstausgabe: 1997)

Ich las diesen ersten Satz in einer Buchhandlung auf der Suche nach neuer Lektüre, eher gelangweilt, abgespannt nach der Arbeit. Ich stutzte. Diesen Satz kannte ich. Ich habe selbst so gedacht. Immer, wenn meine Mutter von »jung gestorben« sprach und damit einen Menschen um die fünfzig meinte, keimte in mir genau dieses Gefühl auf und ich wandte mich hochmütig meinen inneren Dialogen mit Kafka, Sartre, Camus zu, die meine Schattenwelt und meine jugendliche Arroganz nährten. Verstanden habe ich sie erst später, wenn überhaupt.

Wie kommt eine Schriftstellerin zu meinem Satz?

Andrea Truernit, Hamburg

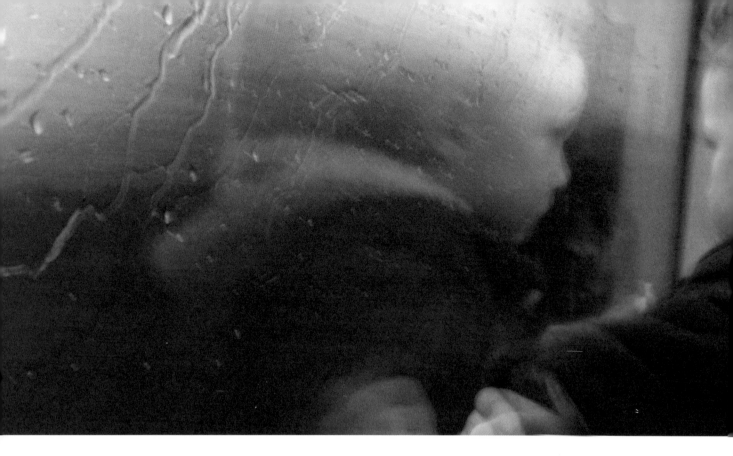

»Es fiel Regen in jener Nacht, ein feiner, wispernder Regen.«

Cornelia Funke, Tintenherz (Hamburg: Dressler 2006; Erstausgabe: 2003)

Ich finde, dieser Satz ist am schönsten, weil ... ich sofort an jenen Tag denken muss, an dem auch dieser feine, wispernde Regen fiel. Wir haben ein nicht allzu großes Segelboot. Eines Tages fuhren wir hin, weil meine Eltern etwas an unserem Boot kontrollieren mussten. Ich spielte mit meiner Schwester, und meine Eltern machten etwas am Boot. Plötzlich fing es an, leicht zu regnen. Schnell spannten wir die Persenning über das Boot, weil unser Segelboot keine Kajüte hat, und krabbelten darunter.

Ganz sanft und leise fiel der Regen. Wir hatten noch Kuchen und Kekse. Mein Vater zündete eine Lampe an. Die Stimmung und meine Gefühle waren fast unbeschreiblich: romantisch, entspannt, einfach unfassbar toll! Gerade als ich genüsslich an meinen Lieblingskeksen knabberte, dachte ich: »Schöner kann es gar nicht mehr kommen!«. Da fiel mir ein Buch ein – »Tintenherz« – so heißt es. Es fängt auch mit dem leisen, flüsternden Regen an, aber es wird sofort superspannend und sehr gefährlich. Bei mir ist es ja zum Glück im Gegensatz wunderschön geblieben und gar nicht gefährlich geworden.

Teresa Matz, Osnabrück, 11 Jahre

»Mit sieben Jahren schwor ich, niemals zu lieben.«

Karen Duve, Dies ist kein Liebeslied (München: Goldmann 2004; Erstausgabe: 2002)

Schön? Nein, schön ist dieser erste Satz nicht. Aber wieso sollte der erste Satz eines Romans denn auch SCHÖN sein? Muss er das? Nein! Denn genauso wenig wie jeder Roman, jede Kurzgeschichte, jedes Gedicht, eben jedwede Literatur, SCHÖN sein kann, so kann, muss, soll, darf es auch der jeweilige erste Satz nicht sein. Faszinierend oder reizvoll, ja. Packend, neugierig machend, schmerzhaft oder gar traurig. Das auch. Aber nicht schön. Genauso wenig wie das Leben, über das geschrieben wird, immer schön sein kann, kann es auch die Literatur nicht sein – und will es wohl auch nicht. »Dies ist kein Liebeslied«, so heißt der Roman, dessen ersten Satz ich packend, ergreifend, faszinierend, letztlich dann doch irgendwie auch schön finde.

Und tröstlich. Tröstlich? Wieso kann es tröstlich sein, zu lesen, dass jemand sich schwor, niemals zu lieben? Weiß man als Leser nicht schon genau, worauf das hinauslaufen wird? Die Protagonistin schwor sich, niemals zu lieben, und tat es natürlich trotzdem (das wusste man irgendwie schon vorher, weiß es aber definitiv schon nach dem Lesen des 2. Satzes »Mit achtzehn tat ich es trotzdem.«) und wurde – wie wohl fast jeder andere auch in seinem Leben – enttäuscht (auch das glaubte man, schon vorher zu wissen, man erfährt es aber konkret auch schon im dritten und vierten Satz: »Es war genauso schlimm, wie ich befürchtet hatte. Es war demütigend, schmerzhaft und völlig außerhalb meiner Kontrolle.«).

Ist es denn bei allem Schmerz nicht tatsächlich tröstlich, dass Karen Duve dieser allzu menschlichen Erfahrung, die wir alle gemacht und die wir doch alle in gewisser Weise zu vergessen oder zu verdrängen versucht haben, zum Thema ihres Romans macht? Und damit aller Welt vor Augen führt, wie existenziell diese Erfahrung, diese Angst ist? Die Angst davor, zu lieben und nicht zurückgeliebt zu werden. Diese Angst, die gewiss einen wesentlichen Bestandteil unserer menschlichen Existenz ausmacht. Gerade deshalb setzt dieser Satz in mir so viele Gedanken und Gefühle in Gang, dass er aus meiner Sicht schon für sich alleine gesehen die Funktion von Literatur erfüllt: zum Nachdenken anzuregen, scheinbar Altbekanntes zu hinterfragen, die eigene Position im Leben zu überdenken. »Mit sieben Jahren schwor ich, niemals zu lieben.« Ein starker Satz. Ein zwiespältiger Satz, der neugierig macht – was für eine bittere Süße steckt darin, Wehmut, Hoffnung, Nachdenklichkeit, auch Ironie. Und für andere Leser vielleicht noch vieles mehr ... Ein faszinierender Satz am Anfang eines wunderbaren, traurigen, aber auch tragikomischen Buches, das nicht nur aufgrund dieses prägnanten und aussagekräftigen ersten Satzes mein Lieblingsbuch ist.

Petra Wirtz-Kaltenberg, Detmold

»Es war Mitternacht und Herr Taschenbier saß auf dem Dach von Frau Rotkohls Haus.«

Paul Maar, Neue Punkte für das Sams (Hamburg: Friedrich Oetinger Verlag 2002; Erstausgabe: 1992)

Dieser Satz ist für mich der schönste erste Satz, weil ich auch einmal um Mitternacht auf dem Dach unseres Hauses sitzen will. Am liebsten mit dem Sams, weil der so frech ist und sich von niemandem etwas sagen lässt!
Paul Böhringer, Aalen, 10 Jahre

...

Ich finde diesen Satz so schön, weil, wer klettert schon freiwillig auf ein Dach? Im ersten Moment könnte man meinen, der Herr Taschenbier wäre ein Dachdecker oder so. Aber wenn man mal bedenkt, um Mitternacht arbeitet auch kein Dachdecker mehr. Aber wer dieses Buch gelesen hat, der weiß, dass Herr Taschenbier bei Vollmond auf dem Dach sitzen und *gatsmas* (Samstag) sagen muss. Wenn er dieses macht, bekommt das Sams, ein Wesen mit roten Haaren, Rüsselnase und blauen Punkten im Gesicht, neue Wunschpunkte.
Rebecca Bein, Nettetal, 7. Klasse
GEWINNERIN DES WETTBEWERBS IN DER KATEGORIE SCHULEN

»Als ihm die Sache mit der Taube widerfuhr, die seine Existenz von einem Tag zum andern aus den Angeln hob, war Jonathan Noel schon über fünfzig Jahre alt, blickte auf eine wohl zwanzigjährige Zeitspanne von vollkommener Ereignislosigkeit zurück und hätte niemals mehr damit gerechnet, daß ihm überhaupt noch irgend etwas anderes Wesentliches würde widerfahren können als dereinst der Tod.«

Patrick Süskind, Die Taube (Zürich: Diogenes 1990; Erstausgabe: 1987)

Dieser mit Humor gespickte Satz drängt den Leser zärtlich weiterzulesen, um das, was wir nicht wissen, zu begreifen – wie nämlich eine einfache Taube Herrn Noel dazu bewegt, mehr zu erwarten als nur den Tod.
Laura Alexandra Holtge, Halle/Saale

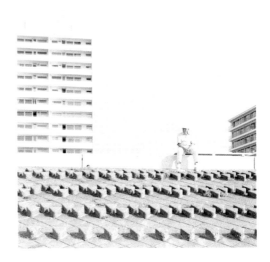

»Kein Ding sieht so aus, wie es ist.«

Wilhelm Busch, Narrheiten und Wahrheiten (Frankfurt am Main und Wien: Büchergilde
Gutenberg 1999; Erstausgabe: 1843)

»Kein Ding sieht so aus, wie es ist.« Das war der erste Satz, den ich las, als ich das Buch
sah. Das war im Jahr 1995 in München. Ich hatte ein paar Mark in der Tasche. Es war ein
schrecklicher Sommer, total verrückt für mich, und in 20 Minuten fuhr der Zug. Ich brauchte
unbedingt etwas zu lesen, hatte aber nur 4 Mark. Da lag dieses Buch, klein, dick und billig!
4 Mark, Sonderangebot. Die Verkäuferin, eine alte, lachende, zahnlose Frau, war froh, dass
ich es kaufte. Ich habe das Buch aufgeschlagen und bereits der erste Satz des Vorworts
hat mir sehr gut gefallen. Das stimmt ja: Kein Ding sieht so aus, wie es ist. Und ich wollte
unbedingt wissen, was Herr Busch in diesem Buch damit meinte.

      Durch das Buch wurde meine Reise sehr lebendig. Es gibt darin nicht zu viel zu lesen und
es macht meinen Kopf nicht kaputt, sodass ich es noch bis heute lese, wenn ich reise. Es
sagt mir, dass es immer Zeit braucht, um alle und alles, was wir sehen und haben, kennenzulernen, so wie das Buch ... »Don't judge a book by its cover!«
Narmawarni Abdul Kadir, Manjung, Malaysia

»Das Leben ist echt ungerecht.«

Henriette Wich, Die Flirt-Agentur. Heiße Dates und coole Küsse
(Hamburg: Erika Klopp Verlag 2007, Erstausgabe)

Ich möchte dieses Buch gerne weiterlesen, weil ich das Leben auch so manches Mal
ungerecht finde. Wenn man mal nachdenkt, dann ist das Leben überall ungerecht. Zum
Beispiel bei den Noten, in der Schule, in der Liebe oder bei Dingen, wo behauptet wird,
dass man das war, man war es aber gar nicht.
Mareike Bull, Schleswig, 7. Klasse

»Der Haushalt betrifft alle.«

Günter Jacobi, Das kleine Haushaltsbuch (Leipzig: Verlag für die Frau 1978)

Neulich war ich in einem Antiquariat. Da kann man manchmal interessante Bücher aus alten Zeiten finden, die andere Leute aus verschiedenen Gründen nicht mehr brauchen. Der farbenfrohe Umschlag eines Buches machte mich neugierig. Ich machte das Buch auf und las den ersten Satz: »Der Haushalt betrifft alle.« Das klang sehr überzeugend. Und schon konnte ich dieses so weise Buch nicht mehr aus den Händen legen. Außerdem war es ziemlich günstig: 50 Rubel (etwa 2 Euro). Bis jetzt bereue ich es nicht, dieses Geld für das Buch ausgegeben zu haben.

Das Buch ist ein Kaleidoskop aus verschiedenen, alphabetisch geordneten Themen. Es wurde im Jahre 1978 herausgegeben, weshalb man darin Auskunft über Dinge einholen kann, die schon Geschichte sind, z. B. wie ein Heimsprudler funktioniert, wie man Dias aufbewahren muss oder wie ein Repatex-Textilkleber ermöglicht, arbeits- und zeitsparend Wäsche auszubessern.

Im Buch sind auch hilfreiche Tipps vorhanden, die zeitunabhängig und auch heute noch ganz aktuell sind, u. a. wie man die Frische der Eier prüft oder wie man Geflügel dressiert, damit es beim Servieren einen appetitlichen Anblick bietet. Das Buch hält wirklich, was der erste Satz verspricht. Der Gedanke war nicht übertrieben, obwohl er so resolut und eindeutig klingt. Wenn auch nicht jeder heute unbedingt Kaninchen abzubalgen oder Öfen zu heizen braucht, hat auch heute jeder Haushalt einen Mülleimer. Und es ist nicht überflüssig, mal zu lesen, wie man den Mülleimer richtig benutzt, um dabei Fehler zu vermeiden.

Ludmilla Seikowa, Tjumen, Russland

»Jetzt ist schon wieder was passiert.«

Wolf Haas, Wie die Tiere (Reinbek bei Hamburg: Rowohlt 2002; Erstausgabe: 2001)

»Jetzt ist schon wieder was passiert«, so beginnt kein Buch, zumindest kein vernünftiges, vernünftig jetzt im klassischen Sinn. So beginnt allenfalls ein nörgelndes Tresengespräch, ein Kantinenmonolog. Doch beim österreichischen Autor Wolf Haas beginnt nicht nur ein Buch so, sondern gleich mehrere. Ob »Wie die Tiere« oder »Komm, süßer Tod« oder sicher auch »Silentium« (kann es nicht nachprüfen, habe es im Rahmen meiner Haas-Missionierung gerade verliehen): Immer geht es mit »Jetzt ist schon wieder was passiert« los, was ja nie unpassend ist; handelt es sich schließlich bei Haas' Sprachkunststücken um Angehörige der Traditionsgattung Krimi. Und da passiert nun mal was, am Anfang. Sonst kein Krimi. Würde Haas formulieren.

> Denn Haas schreibt – und beim ersten Satz wird es eben gleich deutlich – so, wie andere, Österreicher gar, reden würden. Nicht unbedingt in ganzen Sätzen, sondern gerne mal verkürzt, ohne Verb im Nebensatz, wenn entbehrlich. Das kann lapidar klingen (»Jetzt ist schon wieder was passiert«), trifft aber punktgenau.

»Jetzt ist schon wieder was passiert«: Wer so ein Buch beginnt, hat eine epische Exposition nicht nötig, hält sich betont nicht auf mit Ambiente, mit Ort und Zeit. Der stolpert einfach mitten hinein, ganz selbstbewusst. Und gibt doch auch mehr Informationen, als man es diesem Allerweltssatz gleich ansehen würde. »Schon wieder« – aha, wir haben es also mit einer Serie zu tun, nicht mit einem Einzelfall. Der Puntigamer Expolizist Brenner ist Haas' Held. Das, »was passiert« ist, war kein banaler Mord, sonst würde es ja heißen »Jetzt hat sich schon wieder ein Mord ereignet«. Nein, dieses »Was« deutet darauf hin, dass das Passierte so leicht nicht in Worte zu fassen ist, ein jedenfalls bizarrer Fall wird da angekündigt. Und Haas, dieser unnachahmliche Wolf Haas, hält, was er im ersten Satz verspricht. Aber das, werte Jury, ist nun ein Satz gewesen, wie Sie ihn wohl unzählige Male im Rahmen dieses Wettbewerbs zu lesen bekommen (»hält, was er verspricht«). Drum nehme ich ihn zurück und schließe mit dem vorletzten.

Stefan Schickhaus, Wiesbaden

»Solange etwas ist, ist es nicht das, was es gewesen sein wird.«

Martin Walser, Ein springender Brunnen (Frankfurt am Main: Suhrkamp 2006; Erstausgabe: 1998)

Hoppla, was war das? Ein Satz, den man gleich nochmal lesen muss. »Solange etwas ist, ist es nicht das, was es gewesen sein wird.« Warum soll etwas plötzlich etwas ganz anderes sein? Nur weil es vergangen ist? Aber andrerseits: Sehen wir die Vergangenheit nicht immer verklärt? Habe ich mein Glück nicht immer erst viel später bemerkt?

Hans-Martin Ruopp, Kirchheim unter Teck

...

Der Satz führt direkt in das Thema dieses Buches, das ein großes autobiografisches Erinnerungsbuch ist und die extreme Schwierigkeit des Erinnerns beschreibt, die der Autor dann auch in diesem Buch reflektiert, nämlich: Wie kann ich etwas, das ich früher einmal erlebt habe, in der Erinnerung noch objektiv erinnern?

In dem Moment, in dem ich es erlebt habe, ist es schon nicht mehr das, was es gewesen sein wird, wenn ich mich später daran erinnere. Und das ist das Thema, das ich so spannend finde. Ich stelle immer wieder fest, auch in eigener Erinnerung, dass die Erinnerung ein großer Lügner ist, weil das, was man mal erlebt hat, aus 30-, 40-jähriger Distanz erzählt, etwas ganz anderes ist, als das, was es einmal war. Wir können uns alle daran erinnern, wie großartig wir als Widerstandskämpfer in der DDR gewirkt haben – unerwartet viele –, andere sehen das wieder anders.

Die Erinnerung ist offensichtlich ein Problem. Es gibt, glaube ich, nichts Schwierigeres, als Zeitzeugen aufzurufen, um zu erfahren, wie es wirklich war, zumindest braucht man den damaligen und heutigen Kontext, aus dem heraus es erinnert wird. Walsers Buch ist die Geschichte der Kindheit des Autors und auch die seiner Mutter, die Mitglied der NSDAP geworden ist, eigentlich nur, um als Gastwirtin zu überleben, um die Parteifreunde aus dem Ort in die eigene Kneipe zu holen. Daher ist Walser dann auch vorgehalten worden, er hätte allzu sehr verharmlost, aber dabei ist das nur die Wirklichkeit, die er erlebt hat, dass die Entscheidung seiner Mutter nicht aus nationalsozialistischer Überzeugung rührte, sondern aus dem Wunsch nach wirtschaftlichem Überleben.

Mich hat dieses Buch enorm berührt, weil es einen Alltag in dieser Zeit der 30er Jahre beschreibt, und wie sehr viele zum Mitläufertum und Mittätertum kamen. Dass er das so aufrichtig zu ergründen versucht, davon zeugt dieser erste Satz, der eben in die Schwierigkeit des Erinnerns hineinführt.

Lutz Vogel, Kulturbürgermeister und amtierender Oberbürgermeister der Stadt Dresden

»John Franklin war schon zehn Jahre alt und noch immer so langsam, dass er keinen Ball fangen konnte.«

Sten Nadolny, Die Entdeckung der Langsamkeit (München: Piper 2007; Erstausgabe: 1983)

Der erste Satz von Nadolnys Buch ist verführerisch und vertrackt. Er löst zuerst ein mitleidiges Lächeln aus, ein leicht höhnisches Bedauern über diesen tollpatschigen Buben. Einen Ball zu fangen, kann doch nicht so schwer sein, Junge!

Jeder kennt solche Schulfreunde, denen damals nichts gelang, was man selber angeblich so glänzend konnte. »Mensch, in dem Alter war ich schon Torwart, mit zehn habe ich jeden Ball gefangen! Und dieser kleine John Franklin konnte es da immer noch nicht? Armer Junge, was soll bloß aus dem werden?«

Doch jeder Leser erinnert sich dann rasch an jene Menschen, die beim Klassentreffen Jahrzehnte später über glänzende persönliche Lebenswege berichten, die einen staunen und betroffen schweigen lassen. »Die Letzten werden die Ersten sein«, das gilt erstaunlich oft und steht gegen alle frühen Prognosen. Das mitleidige Bedauern bleibt einem dann quer im Halse stecken.

Es ist das gängige Vorurteil, die Mär von Standard und Abweichung, die in den ersten Zeilen aufblitzt: Wenn du nicht wie alle anderen im gleichen Takt lernst, wirst du ein Versager. Aus dir wird nichts. Das Urteil ist klar. Punkt und Ende.

Doch halt! John Franklin ist der Zeuge für die wunderbare und immer einzigartige Chance, die in jedem Menschen steckt. Individualität als Kern aller Persönlichkeit, das eigene Tempo als einziges Maß der Dinge, die Hartnäckigkeit, sich selbst treu zu bleiben, das sind die wunderbaren Botschaften des Buches. Welch ein Geschenk!

John Franklin konnte keinen kleinen Ball fangen. Doch sein Maß wurde der ganze Erdball. Welcher Torwart kann das von sich sagen?

Christof Eichert, Frankfurt am Main

»Als Otto von Lambert von der Polizei benachrichtigt worden war, am Fuße der Al-Hakim-Ruine sei seine Frau Tina vergewaltigt und tot aufgefunden worden, ohne daß es gelungen sei, das Verbrechen aufzuklären, ließ der Psychiater, bekannt durch sein Buch über den Terrorismus, die Leiche mit einem Helikopter über das Mittelmeer transportieren, wobei der Sarg, worin sie lag, mit einem Tragseil unter der Flugmaschine befestigt, dieser nachschwebend, bald über sonnenbeschienene unermeßliche Flächen, bald durch Wolkenfetzen flog, dazu noch über den Alpen in einen Schneesturm, später in Regengüsse geriet, bis er sich sanft ins offene von der Trauerversammlung umstellte Grab hinunterspulen ließ, das alsobald zugeschaufelt wurde, worauf von Lambert, der bemerkt hatte, daß auch die F. den Vorgang filmte, seinen Schirm trotz des Regens schließend, sie kurz musterte und sie aufforderte, ihn noch diesen Abend mit ihrem Team zu besuchen, er habe einen Auftrag für sie, der keinen Aufschub dulde.«

Friedrich Dürrenmatt, Der Auftrag oder Vom Beobachten des Beobachters des Beobachters (Zürich: Diogenes 1998; Erstausgabe: 1986; ©1998 Diogenes Verlag AG Zürich)

Der erste Satz des »Auftrags« von Friedrich Dürrenmatt ist selbst eine Reise, die nach Irrwitz und Traum schmeckt. Ein Satz wie die Chinesische Mauer. Aber er schreckt nicht ab.
Hendrik Schwitters, Itzehoe

»Was ist das. – Was – ist das ...«

Thomas Mann, Buddenbrooks (Frankfurt am Main: S. Fischer 2005; Erstausgabe: 1901)

Dieser Satz ist für mich wie ein Schlüssel zu einer Tür, die sich mir öffnet, und ich finde mich wieder als unsichtbarer Besucher und damit als ein Teil der Geschichte der Buddenbrooks. Zudem ist dieser Satz wie ein Fenster, das mir einen Blick auf mich selbst und meine oft so trostlose Jugendzeit ermöglicht. Ich kann mich und die Situation, in der ich diesen Satz zum ersten Mal gelesen habe, wieder sehen, und ich kann wieder das fühlen, was er in mir ausgelöst hat.

Kleines katholisches Dorf in Südoldenburg, Insel im Nirgendwo, keine Zeitung, kein Fernseher, kein Telefon, nur Bauern und wir, die Lehrerfamilie, die Außerirdischen: Wir hatten zu Hause nämlich Bücher – sehr suspekt, nicht nur eins, die Bibel, sondern ganz viele, und was für welche. Mein Vater, der Schoolmeester, hatte mir das Buch in die Hand gedrückt und voller Ehrfurcht von Thomas Mann und seinem literarischem Werk erzählt. Nobelpreis! Dieses Buch hatte einen Nobelpreis bekommen. Nobelpreise kannten wir, ich konnte es kaum fassen, dass ich es lesen durfte. Außerdem hatte mein Vater ein wenig über die Familie berichtet. Eine mir völlig fremde Welt, so etwas gab es doch gar nicht, oder? Ich erinnere mich, dass ich den Atem anhielt und mich kaum traute, das Buch zu öffnen und zu lesen. Und dann dieser erste Satz.

Konnte so ein Buch anfangen, das einen Nobelpreis bekommen hatte und damit »hohe« Literatur war? Unmöglich! Ich stürzte mich hinein und tauchte irgendwann völlig fasziniert wieder auf. Unglaublich, was ich da erlebt hatte. Und der Schlüssel für dieses Abenteuer ist bis heute dieser erste Satz. Alle Jahre wieder gönne ich mir den Luxus eines Besuches. Ich muss nur diesen Satz lesen und ich höre die Stimmen der einzelnen Familienmitglieder und habe das Gefühl, dass ich ihnen zurufen möchte: »Wartet, ich komme!«

Christine Siebert, Bremen

...

Dieser Satz ist für mich der schönste erste Satz, weil er leicht zu verstehen ist. Jeder in der Welt kennt den Satz. Man kann sogar sagen, der Satz vertritt Deutschland. Der Autor hat mich mit dem ersten Satz bezaubert, weil es nichts Besseres gibt, als eine Antwort auf »Was ist das?« zu bekommen.

Zulfiya Zaynutdinova, Taschkent, Usbekistan

»Der letzte geheimnisvolle Ort in einer Großstadt ist der eigene Briefkasten.«

Andreas Schlüter, Die Fernsehgeisel (München: dtv 2001; Erstausgabe: 1997)

Dieser Satz hat für mich eine große Bedeutung, da in einer Großstadt alle Menschen dicht an dicht leben und es so kaum Privatsphäre gibt. Ein Briefkasten steckt allerdings jeden Tag aufs Neue voller Überraschungen und Geheimnisse. Es können gute und schlechte Überraschungen sein, aber meistens ist das im Briefkasten, was man gar nicht erwartet hat.

> Ich finde, jeder Mensch braucht in seinem Leben, egal ob er auf dem Land oder in der Stadt wohnt, ein Stück Privatsphäre, einen Platz, wohin er sich zurückziehen kann, oder einen Ort, den er gerne mag. Und für manche Menschen ist dies eben der eigene Briefkasten.
>
> Jessica Kreuter, Vallendar, 7. Klasse

»Niemand von denen, die mich kennen, begreift die Sorgfalt, mit der ich einen Papierfetzen aufbewahre, der völlig wertlos ist, lediglich die Erinnerung an einen bestimmten Tag meines Lebens wachhält und mich in den Ruf einer Sentimentalität bringt, die man meines Bildungsgrades für unwürdig hält: Ich bin Prokurist einer Textilfirma.«

Heinrich Böll, Die Postkarte, in: Nicht nur zur Weihnachtszeit (München: dtv 1998; Erstausgabe: 1952)

Dieser Satz hält einen fest und lässt einen nicht mehr los. Er weckt eine Sehnsucht in mir nach all den vergangenen Tagen, Menschen, Erlebnissen, an die nur noch Kleinigkeiten erinnern. Er zeigt ein bisschen Melancholie, aber auch Härte.

> Vor allem macht er neugierig: auf die Geschichte des Papierfetzens, auf den Menschen, der ihn aufbewahrt, auf die nächsten Seiten. Er drückt viel aus, und wenn man viel sagen möchte, braucht man lange Sätze. Dieser Satz ist lang, aber kein Wort wurde verschwendet, jedes ist wohl gewählt, aber nicht steif. Es ist ein Satz, der Gefühle weckt, und dafür sind Bücher ja da.
>
> Christa Greshake, Geldern

So, nun beginnen wir!
Elke Heidenreich

Jeder, der schreibt, weiß, dass mit dem ersten Satz alles steht und fällt – darum ist ja das Anfangen so schwer! Darum muss man ja monatelang herumlaufen und denken:
»Meine Mutter stand in der Küche und hatte schlechte Laune.«
Nein. Lieber nicht. Zu direkt.

»An Hansi war eigentlich nichts Besonderes, aber ...«
Völlig unmöglich.
»Als ich fünfzehn Jahre alt war, war ich schrecklich verliebt in einen Jungen, der Hansi hieß.«
Absolut spießig, so geht es gar nicht.

»Mein erster Freund hieß Hansi.«
Ja! Das war's! So einfach: »Mein erster Freund hieß Hansi.« Da will man doch gleich wissen, wann das war, was Hansi für einer war, wieso er so einen blöden Namen hatte, und: wenn so der erste hieß, wie hieß denn dann der zweite? In diesem einfachen Satz ist, so scheint es, Leben für eine ganze Geschichte.

Es ist der erste Satz zur ersten wirklichen, literarischen Geschichte, die ich – schon über fünfzig Jahre alt – schrieb, »Die Liebe«, veröffentlicht in dem Erzählband »Kolonien der Liebe.« Ich habe lange für diesen scheinbar so einfachen ersten Satz gebraucht, danach ging es dann verhältnismäßig leicht. Aber Jahre später las ich eine Geschichte der niederländischen Autorin Margriet de Moor, die begann mit dem Satz:
»Ich war eine glückliche Frau.«
Fabelhaft! Man muss weiterlesen, sofort, man muss wissen, was passiert ist. Wieso »war«? Und was war das dann für ein Glück? Warum ist es vorbei? Und ist sie jetzt vollkommen unglücklich?
Wir sehen schon: Der erste Satz muss magische Sogwirkung haben. Nein, muss nicht, aber es kann zumindest nicht schaden.

Der schönste aller ersten Sätze ist im Grunde das ganz klassische »Es war einmal ...« Damit sind wir alle als Kinder vor dem Einschlafen beglückt worden, so begannen die Märchen und trugen uns in vergangene Zeiten und fremde Welten, es war einmal … Das ist der Stoff, aus dem die Einschlafträume wirklich gemacht sind, und auch die alten Sagen und Mythen beginnen so: »Uns ist in alten maeren wunders vil geseit von heleden lobebaeren, von grozer arebeit.« So beginnt das Nibelungenlied, und das Hildebrandslied fängt an mit »Ik gihorta dat seggen …«, ich hörte sagen, man hat mir erzählt, ja: es war einmal …

Meine Lieblingsmärchen sind die von Hans Christian Andersen, dem wundersamen Dänen, und der ist nun wirklich der Weltmeister der ersten Sätze: »Es kam ein Soldat die Landstraße dahermarschiert: eins, zwei, eins, zwei!« Ein toller Anfang, Tempo, Handlung, hui, schon marschieren wir mit im Märchen vom »Feuerzeug«. Mein allerliebstes Lieblingsmärchen, weil es von der lebensrettenden Kraft der Musik handelt, ist Andersens Märchen »Die Nachtigall«, und das fängt so an: »In China, das weißt du ja wohl, ist der Kaiser ein Chinese, und alle, die er um sich hat, sind auch Chinesen.« Der Fall ist klar, wir wissen, wo wir sind, und Widerspruch wird nicht geduldet. Der genialste aller Geschichtenanfänge ist aber doch wohl der von Andersens längstem und traurigstem Märchen, der »Schneekönigin«: »So, nun beginnen wir.« Das muss einem einfallen! Das ist fast so klassisch wie Nabokovs »Erinnerung, sprich« als Titel für seine Autobiographie. »Erinnerung, sprich!« – und das ist es doch letztlich auch, was alle Literatur tut: die Erinnerung spricht, die Erinnerung an Gelebtes und Geträumtes, vermischt mit Fantasie, diese wunderbare Sache, die wir Literatur nennen.

Ja, die ersten Sätze sind wichtig. Aber manchmal beginnt ein Buch ganz knochentrocken, und wir bleiben dennoch dran und werden belohnt. »Rose Johnson tat sich mit der Geburt ihres Kindes sehr schwer.« So lautet der erste Satz der Erzählung »Melanctha« von Gertrude Stein, völlig lakonisch: »Ja, Geburten sind nun mal schwer, was soll das?« Wir lesen weiter, und schon einen Absatz später stirbt das unter so viel Qualen geborene Kind, das geht aber rasant.

Manche Autoren erzählen rasch, andere lassen sich unendlich Zeit, hundert Jahre Zeit: »Viele Jahre später sollte der Oberst Aureliano Buendía sich vor dem Erschießungskommando an jenen fernen Nachmittag erinnern, an dem sein Vater ihn mitnahm, um das Eis kennenzulernen.« »Hundert Jahre Einsamkeit« beginnt so, der gewaltige Südamerikaroman des kolumbianischen Nobelpreisträgers Gabriel García Márquez. Von diesem Tag der Kindheit bis vor das Erschießungskommando – ein ganzes Leben! Der Satz deutet schon unendliche Fülle an.

Eine unglaublich groteske Geschichte, die ich sehr liebe und die zu meinem Kummer kaum jemand kennt, hat den irren Titel »Die mehreren Wehmüller und die ungarischen Nationalgesichter«, sie ist von Clemens von Brentano, und ich habe sie nur gelesen, weil sie so heißt – da war quasi der Titel der erste Satz, der mich begeisterte, aber den wirklichen Anfang weiß ich auch noch, er lautet:
»Gegen Ende des Sommers, während der Pest in Kroatien, hatte Herr Wehmüller, ein reisender Maler, von Wien aus einen Freund besucht, der in dieser österreichischen Provinz als Erzieher auf dem Schlosse eines Grafen Giulowitsch lebte.«
Zugegeben, bisschen umständlich, aber allein der Name »Herr Wehmüller« zwingt da schon zum Weiterlesen. Und außerdem ist man gleich mitten in der Geschichte – ein Sommer, die Pest in Kroatien, ein reisender Maler (warum reist der? Davon genau handelt diese groteske Geschichte!), ein Erzieher auf einem Schloss in der Provinz – wie viel Information in einem einzigen Satz!

Der berühmteste erste Satz ist sicher der aus Tolstois »Anna Karenina«:
»Alle glücklichen Familien ähneln einander; jede unglückliche aber ist auf ihre eigene Art unglücklich.«

Und der kürzeste ist vielleicht der aus Melvilles »Moby Dick«:
»Nennt mich Ismael.«
Punkt, aus, und los geht's. Ähnlich wie bei Max Frisch: »Ich bin nicht Stiller.« Dann ist ja alles klar. Oder? Die Literatur, dieses ewige Verwirrspiel, und die Autoren führen uns mit ihren ersten Sätzen gern an der Nase herum. Und uns macht es sogar Spaß.

»Am Anfang schuf Gott Himmel und Erde.«
Der erste Satz der Bibel. Etwas wird geschaffen: die ganze Welt, der Mensch, eine Geschichte. Seit es Menschen gibt, wird erzählt, aufgeschrieben, weitergegeben. Am Anfang schuf Gott nicht nur Himmel und Erde, am Anfang war auch das Wort …

Alles fängt immer wieder an und endet immer wieder, ein ewiger Kreislauf, und die ersten Sätze sind die Treppenstufen von der einen Geschichte in die nächste. Gibt es eine Regel, wie man anfangen sollte?
»Anfangen, wo es anfängt«, sagt der walisische Dichter Dylan Thomas.
Und was ist mit dem letzten Satz, mit dem Aufhören, dem Ende? Ach, das hat noch Zeit, denn »Wenn sie nicht gestorben sind, so leben sie noch heute.«

Mit dem ersten Satz ist es ähnlich wie mit dem ersten Eindruck, den man von einem Menschen gewinnt: Er kann darüber entscheiden, ob man überhaupt Lust bekommt, diesen Menschen bzw. dieses Buch näher kennenzulernen! Natürlich kann der erste Eindruck täuschen, so wie auch ein erster Satz manchmal mehr verspricht als das literarische Werk dann hält. Trotzdem lasse ich mich vom ersten Satz stark beeinflussen in meiner Entscheidung, ob ich ein Buch lesen möchte oder nicht. Auch weil ich vermute, dass sich der Autor über diesen ersten Satz besonders viele Gedanken gemacht hat.

Marietta Slomka, Journalistin und Moderatorin, Köln

»Der Friederich, der Friederich, das war ein arger Wüterich!«

Dr. Heinrich Hoffmann, Der Struwwelpeter (Berlin: Rütten & Loening 1994; Erstausgabe: 1845)

Das reimt sich schön. Ich kann die Geschichte schon auswendig. Mama liest mal laut und mal leise, und dann ist da mords was los.

Carl Vincent Durstewitz, Hannover, 3 Jahre

»Dreimal kam ich mit Kamelen in Berührung und es endete jedesmal
auf tragische Weise.«
Elias Canetti, Die Stimmen von Marrakesch (Frankfurt am Main: S. Fischer 2004;
Erstausgabe: 1967)

»Gute Reisende«, sagte Canetti gern, »sind herzlos.« Ganz und gar nicht herzlos sind
hingegen Canettis Reisenotizen aus Marrakesch. Schon im ersten Satz ist alles gesagt über
den elementaren Gegensatz von Mensch und Natur und über die unauflösbare
Verwandtschaft des Tragischen mit dem Komischen.
Eckard Gehlen, Bad Driburg

»DAS ist die Geschichte des Musikers Johannes Elias Alder, der zweiundzwanzigjährig sein Leben zu Tode brachte, nachdem er beschlossen hatte, nicht mehr zu schlafen.«

Robert Schneider, Schlafes Bruder (Leipzig: Reclam 2006; Erstausgabe: 1992)

Der Satz fasst mit ruhigem Ton das ganze Leben von einem Jungen zusammen. Die Todesursache ist außergewöhnlich, aber klingt so normal: Er starb, weil er nur »beschlossen hatte, nicht mehr zu schlafen«.

Der Satz hat die Magie, die Lesenden zum Weiterlesen anzureizen, um herauszufinden, was oder wer ihm den Mut gönnt, nicht mehr zu schlafen, und wie es zu Ende geht, wenn man wirklich nicht schläft.

Natürlich können wir die Antworten finden: Alles liegt an der Liebe und der Held bewahrt im Entschlafen seine Liebe für immer. Die Liebe ist großartig, die Geschichte berührt und der erste Satz ist schön!

Jun Zheng, Schanghai, China

»Diederich Heßling war ein weiches Kind, das am liebsten träumte, sich vor allem fürchtete und viel an den Ohren litt.«

Heinrich Mann, Der Untertan (Frankfurt am Main: S. Fischer 2006; Erstausgabe: 1919)

Weil zwischen dem Namen »Heßling« (der an »hässlich« erinnert) und den Attributen »weiches Kind«, »träumen«, »sich fürchten« und »leiden« schon der Spannungsbogen entsteht, der den gesamten Roman trägt und ihn zu einer der großartigsten Gesellschaftsstudien der deutschen Literatur macht.

Katharina Berger, Karlsruhe

»Es war einmal ein Nichts.«

Karl Günter Kröber, Das Märchen vom Apfelmännchen, Band 1: Wege in die Unendlichkeit
(Reinbek bei Hamburg: Rowohlt 2000, Erstausgabe)

Als ich diesen Satz zum ersten Mal gelesen habe, musste ich lachen – und war zugleich fasziniert. Schon seit frühester Kindheit wissen wir, dass die schönsten Geschichten und Märchen mit »Es war einmal« beginnen. Und da nur eine der schönsten Erzählungen den schönsten ersten Satz haben kann, muss dieser demnach mit den Worten »Es war einmal« anfangen. »Es war einmal ein Nichts« fordert nicht nur die Fantasie von Kindern heraus, sondern regt alle – vom Naturwissenschaftler über den Künstler bis hin zum Philosophen – zum Nachdenken und Rätseln an. Denn wie kann ein Nichts »sein«?

Dieser erste Satz weckt wahrscheinlich eher vage Ideen über Art und Inhalt des Buches. Aber egal, was man erwartet – ein fantasievolles Märchen, eine populärwissenschaftliche Abhandlung, eine lustige Reise ins Reich der Farben und Mathematik – der Leser wird keinesfalls enttäuscht. Ich wähle also »Es war einmal ein Nichts« zum schönsten ersten Satz, da dieser Satz so traditionsreich ist und gleichzeitig einen so offensichtlichen Gegensatz zu beinhalten scheint.

Sabine Kaufmann, Chemnitz

44

»In den alten Zeiten, wo das Wünschen noch geholfen hat,
lebte ein König, dessen Töchter waren alle schön, aber die jüngste war
so schön, daß sich die Sonne selber, die doch so vieles gesehen hat,
darüber verwunderte, so oft sie ihr ins Gesicht schien.«

Heinz Rölleke [Hrsg.], Der Froschkönig oder Der eiserne Heinrich, in: Kinder- und Hausmärchen.
Gesammelt durch die Brüder Grimm (Frankfurt am Main: Deutscher Klassiker Verlag 2003;
Erstausgabe: 1985)

Seit ich ein Kind war, trage ich diesen Satz mit mir herum wie einen Zauberspruch. Je älter
ich werde und je öfter ich über ihn nachdenke, desto mehr Fassetten zeigen sich in ihm.

Früher hat mich sicher das schon etwas altertümliche Deutsch fasziniert, aber der für ein
Kind relativ kompliziert geführte Satz – ohne dass er darüber seine Klarheit verloren hätte
– gab mir eine Ahnung, dass Literatur mit Sprache anders umgeht als Mama oder die
Lehrerin oder die Freundin im Nachbarhaus, dass Dichter eine ganze Welt aus simplen 26
schwarzen Zeichen erschaffen können. Und es muss ein Dichter gewesen sein, der sich so
etwas ausdenkt, selbst wenn man einräumen sollte, dass eine lange Tradition mündlicher
Weitergabe den Text abgeschliffen hat wie einen Kieselstein.

Edith Lackmann, Kaiserslautern

»Es war einmal ein Prinz, der wollte eine Prinzessin heiraten; aber es
sollte eine richtige Prinzessin sein.«

Hans Christian Andersen, Die Prinzessin auf der Erbse (Stuttgart: Klett Verlag 2003;
Erstausgabe: 1837)

Obwohl ich bereits 21 bin, möchte ich an einen Prinzen glauben. Und ich denke, jede
Jungfrau hat etwas von einer Prinzessin. Egal wie alt der Mensch ist, jeder möchte etwas
Besonderes sein. Der Satz hat mir gefallen, weil ich in meinen Tiefen die einzige Prinzessin
für diesen Prinzen von Andersen sein möchte.

Kamola Abdullahodjaeva, Taschkent, Usbekistan

»Ich blickte mich suchend um.«

Irene Zimmermann, Schule, Küsse, Liebes-Stress! (Stuttgart: Thienemann 2006; Erstausgabe: 2005)

Wenn ich ein Buch aufschlagen und diesen ersten Satz lesen würde, dann würde ich mir überlegen, ob ich dieses Buch kaufen soll, obwohl ich es hasse zu lesen.

Ich finde, dass man sich anderweitig beschäftigen kann, denn meiner Meinung nach beansprucht Lesen zu viel Zeit. Doch als ich diesen Satz las, kamen bei mir sehr viele und gemischte Gefühle auf: Warum hat sich dieser Jemand suchend umgeblickt? Hielt dieser Jemand Ausschau nach einem Freund, der komischerweise nicht mehr neben ihm geht? Hielt er/sie Ausschau nach einem Mann, der ihn/sie schon seit Langem verfolgt oder sucht er/sie einfach nur nach einem Partner? Der Satz wirkt auf mich auf jeden Fall sehr beängstigend.

Eins kann ich allerdings nicht beantworten, und zwar, ob das Buch meine Fragen beantworten kann, denn ich habe mich dazu entschlossen, es nicht zu kaufen, da ich doch lieber Fußball spiele.

Alena Imgrund, Eckernförde, 5. Klasse

»Ähem! Entschuldigung? Ich heiße Felix.«

Joachim Masannek, Die wilden Fußballkerle. Band 2, Felix, der Wirbelwind (München: dtv 2003; Erstausgabe: 2002)

Ich habe mich für den ersten Satz entschieden, weil ich mir gut vorstellen kann, dass ich mich bei einer Fußballmannschaft anmelden möchte. Ich gehe dann zum ersten Mal zum Training, vielleicht bin ich auch so ängstlich, dass ich stottern muss.

Ich habe mich vor einigen Jahren im Fußballverein angemeldet und wusste gar nicht, was auf mich zukommt. Ich wusste nicht, ob die anderen mich mögen und sie besser sind als ich. Ich wäre froh gewesen, wenn ich einen Freund in der Mannschaft gehabt hätte, weil das Gefühl schon besser gewesen wäre.

Heute bin ich nicht mehr so ängstlich. Ich habe mich schon daran gewöhnt und kann immer mehr Freundschaften schließen. Ich hoffe, dass es bei Felix auch so ist wie bei mir. Ich wünsche ihm, dass er viele Freunde findet und in vier bis fünf Jahren ein Fußballprofi wird.

Patric Kämmerling, Jülich, 6. Klasse

»Hamilkar Schaß, mein Großvater, ein Herrchen von, sagen wir mal, einundsiebzig Jahren, hatte sich gerade das Lesen beigebracht, als die Sache losging.«

Siegfried Lenz, Der Leseteufel, in: So zärtlich war Suleyken (Frankfurt am Main: S. Fischer 2004; Erstausgabe: 1955)

Dieser erste Satz verspricht Spannung und Witz. Er beinhaltet die ganze skurrile Art Masurens: Ländlich abgelegen, eigen, ein Landstrich, von dem ich kaum wusste, wo er lag. Siegfried Lenz gelingt es mit diesem ersten Satz, mich zu fesseln und mich den Menschen dort verwandt zu fühlen. Sie sind mir wie liebe alte Bekannte und ich bin jedes Mal ein bisschen traurig, wenn ich die letzte Geschichte gelesen habe.

Und wenn jemand diesen Satz noch nicht kennt, beneide ich ihn darum, dass er ihn zum ersten Mal lesen darf.

Stefanie Herfurth-Schmidt, Berlin

»Eines Tages sah sich Aurora Rodríguez veranlaßt, ihre Tochter zu töten.«

Erich Hackl, Auroras Anlaß (Zürich: Diogenes 1989; Erstausgabe: 1987)

Eine unglaubliche Tat wird mit einer solch verstörenden Beiläufigkeit genannt, dass einfaches Weiterlesen bei mir nicht drin war. Ich musste erst durchatmen, den Satz noch einmal genau lesen – Irrtum ausgeschlossen.

Johanna Gürster, Weißenhorn

»Der Tag fing reichlich beschissen an, nämlich zu früh.«

Susanne Mischke, Stadtluft (München: Piper 1994, Erstausgabe)

Dieser Satz ist ein Spiegel unserer selbst. Mir ist es nur allzu gut bekannt und meinen Mitschülern und allen anderen Schülern auch: Da hat man am gestrigen Tag und Abend wieder die gesamte Freizeit in überflüssige Hausaufgaben und Momentlernen für den heutigen Test investiert, und am Morgen hat man den Salat – man fühlt sich gerädert.
Viel schlimmer kommt es noch, wenn es der erste Tag nach den Ferien ist. Nach der halben Nacht, die man im Wachschlaf verbracht hat, dem beschwerlichen Weg zur Schule und dem Ankommen dort, fragt man sich: »Was mach' ich hier und warum zu dieser Zeit?«
Ja, so sieht mein ganz normaler Schultag aus. Und wie ist Ihrer?

Maximilian Breuer, Halle/Saale, 11. Klasse

»Gestern wird sein, was morgen gewesen ist.«

Günter Grass, Das Treffen in Telgte (München: dtv 2004; Erstausgabe: 1979)

Kürzer und präziser kann man kaum ausdrücken, dass Gegenwart, Vergangenheit und Zukunft miteinander verwoben sind.

Beate Hornack-Brökelmann, Braunschweig

...

Ein Satz der Umkehr und des Verdrehens, eine Antwort, die viele Fragen stellt und eben deshalb fasziniert.

Fabian Kraus, Velburg, 10. Klasse

Erste Sätze schreiben
Thomas Brussig

Was für den Leser der erste Satz ist, ist es nicht unbedingt für den Schriftsteller. Anders gesagt: Der erste geschriebene Satz ist in den seltensten Fällen der am Beginn eines Romans stehende Satz. Über das Beginnen eines Romans zu reden, ist etwas völlig anderes, als über den Beginn eines Romans zu reden. Wie es sich ergibt, dass ich ein Buch beginne, kann ich selbst nicht erklären. Ganz gewiss ist es nicht so, dass ich kalkuliere, etwa: Mensch, alle reden über die Klimakatastrophe – also schreib mal den Klimakatastrophenroman. Wenn auf die Art Romane entstünden, hätte ich längst den Berlin-Roman und den 11.-September-Roman geschrieben. (Dass ich mal etwas geschrieben habe, das der Wenderoman sein könnte, hat nur damit zu tun, dass ich diesen Roman schon schreiben wollte, bevor der Ruf nach dem Wenderoman aufkam.) Das Schöne an der Literatur ist übrigens, dass sie halbwegs immun ist gegen erfolgstaktische Erwägungen; Überraschungserfolge sind eine feste Größe im Betrieb, während andersherum Bücher, die als Riesenerfolg lanciert, mit horrenden Lizenzgebühren erworben und mit einem enormen Werbebudget herausgebracht werden, gern auch mal baden gehen.

Wenn ich beschreibe, mit welchen Überlegungen die Arbeit an einem Roman nicht beginnt, habe ich noch nicht verraten, wie es denn nun losgeht. Leider bin ich dazu auch nicht in der Lage; wie es zu dem »Entschluss« kommt, einen Roman zu schreiben, ist mir selbst ein Rätsel. Der Gedanke, dass ich diesen Menschen oder jene Lebenssituation thematisieren könnte, ist mir sehr vertraut; ein Schriftsteller klopft nun mal alles Leben gründlich danach ab, ob sich daraus nicht Literatur machen ließe. Es ist aber äußerst selten, dass sich die durch meinen Kopf vagabundierenden vielfältigen Neigungen und Interessen irgendwann zu der Überzeugung verdichten, genau jetzt darüber ein Buch zu schreiben. Über etwas zu schreiben – sei es ein Thema oder ein Mensch – bedeutet, Monate oder sogar Jahre mit diesem Thema, diesem Menschen zuzubringen. Insofern habe ich es nie beunruhigend gefunden, wenn sich dieses einzigartig elektrisierende Gefühl, das am Anfang steht, nur alle paar Jahre einstellt. Das Warten auf dieses Gefühl verbringe ich mit Lesereisen, Drehbuchschreiben, mit dem Verfassen von Zeitungsartikeln – oder auch lesend/dösend in der Hängematte.

Ist dieses Gefühl (das unverwechselbar, untrüglich und sehr, sehr schön ist) aber da, will ich sofort loslegen. Ich nehme Bleistift und Papier und beginne mit einem Kapitel, mit einer Szene, einer Betrachtung, die in irgendeiner Weise das trifft, worum es mir geht. Das kann ein Ton sein, in dem ich einen Roman schreiben will, eine Konfrontation zweier Charaktere, die entscheidend ist, oder auch eine essayistische Betrachtung, eine Philosophie. Ich will sehen, wie es sich liest, wie es wirkt. Ob ich das, was mir in der Birne herumgeht, auch so aufs Papier kriege. Ich gebe sofort zu: Ich beginne einen Roman immer mit einer Passage, die ich für machbar halte. Ein Roman ist von so einschüchternder Komplexität, dass ich ihn nur an einer vermeintlich einfachen Stelle beginnen kann. Und das war bei mir noch nie der erste Satz. Der findet sich später.

Natürlich habe ich mich meinen ersten Sätzen immer mit einer gewissen Sorgfalt gewidmet. Es ist nicht egal, womit ein Buch beginnt. Trotzdem waren die ersten Sätze immer etwas, womit ich mich schließlich auch abfinden musste. Ein richtig guter erster Satz wäre einer, der, egal, von welcher Stelle des Buches man zurückblättert, immer einen Sinn ergibt – aber immer anders. Abgesehen davon, dass er schon beim ersten Lesen nicht nur Lust auf den zweiten machen sollte, sondern auf diesen unübersehbaren folgenden Wust an Buchstaben.

Dass der erste Satz Lust auf den zweiten macht, ist das Mindeste, was ich von ihm verlange. Mir ist es wichtig, einen Lesefluss zu erzeugen, von dem ich nichts dagegen hätte, wenn er zum Sog wird. Meine Bücher sollen sich wegschlürfen, wie etwas Süßes, Klebrig-Ungesundes, dem man schon nach dem ersten Löffelchen nicht mehr widerstehen will – und irgendwann auch nicht mehr kann. Und immer ist die Portion zu früh vernascht. In manchen Gegenden nennt man solches Bösspeise. Der erste Satz wäre demnach bei mir idealerweise so was wie das erste Löffelchen einer literarischen Bösspeise.

Mein Theoretisieren über erste Sätze stößt aber bald an Grenzen – weil ich alles andere als ein Meister der ersten Sätze bin. Was ich für keine Tragödie halte. Ich glaube nicht, dass sich die Qualität eines Buches mit seinem ersten Satz entscheidet. Es ist überhaupt nicht gesagt, dass einem gelungenen, ja selbst einem großartigen ersten Satz ein lesenswertes Buch folgt. Es gibt Romane, denen ich misstraue, gerade weil sie mit ihrem ersten Satz auftrumpfen. Was soll ich von einem Buch halten, das mir zu verstehen gibt: He, lieber Leser, findest du nicht auch, dass ich den schillerndsten, verrücktesten, wohlklingendsten und spannendsten ersten Satz habe, der je geschrieben wurde? Ein knalliger erster Satz kann Blendwerk sein, Effekthascherei. Wenn das Beste an einem Roman der erste Satz ist – warum dann weiterlesen? Es gibt viele großartige Bücher mit banalen ersten Sätzen. Zumindest mit ersten Sätzen, die nicht den Hauch einer Ahnung dessen gestatten, was da noch kommt. Einen ersten Satz hat jeder Roman – ob es ein guter oder ein schlechter Roman ist, entscheidet sich aber erst danach. (Ganz unter uns: Ein erfahrener Lektor weiß nach etwa drei Sätzen, ob ein Autor schreiben kann; ich brauche für diese Entscheidung etwa eineinhalb Seiten. Nach etwa 30 bis 40 Seiten muss ich mir sicher sein, kein schlechtes Buch zu lesen – sonst lese ich nicht weiter. Die Frage, ob ich dann ein gutes, ein mittelmäßiges oder ein großartiges Buch lese, halte ich bis zum Ende offen, wobei ich immer wieder auf Gründe für gut/mittelmäßig/großartig stoße. Und ohne dass garantiert ist, dass ich mich am Ende entscheiden kann.)

Ist es wichtig, dass ein Schriftsteller gute, schöne, gelungene erste Sätze schreibt? Es ist ziemlich unwichtig. Gewiss, ein gelungener erster Satz wird gern zitiert, sei es in Kritiken oder auf dem Einband. Aber wenn mir eine gute Fee die Wahl ließe, mich entweder mit der Gabe des Dialogschreibens oder der Gabe des Erste-Satz-Findens zu segnen – ich würde mich für die Dialoge entscheiden. Und wenn ich wählen dürfte, ob mir entweder überraschende Wendungen oder erste Sätze gelingen – mir wären gelungene Wendungen lieber. Wenn ich mich entscheiden dürfte, entweder höchst widersprüchliche, zugleich aber psychologisch glaubwürdige Charaktere oder schöne erste Sätze erschaffen zu können – ich würde mich abermals gegen die ersten Sätze entscheiden. Denn das Vergnügen an einem gelungenen ersten Satz kann der Leser nur einmal empfinden. Doch gelungene Dialoge (seien sie gelungen, weil »komisch«, »brillant« oder »lebensecht«), gelungene Wendungen oder gelungene Charaktere geben dem Roman – neben vielem anderen – erst die Gestalt und machen das Lesen auf jeder Seite zum Vergnügen und zum Abenteuer.

»Ilsebill salzte nach.«

Günter Grass, Der Butt (München: dtv 1999; Erstausgabe: 1977)

Ein Satz mit nur drei Wörtern? Auf Deutsch? Und spannungsverheißend? Keine leichte Aufgabe.

Ilsebill …

komischer Name. Eine echte Ilsebill ist mir in meinem bisherigen Leben noch nie über den Weg gelaufen, aber da gibt es doch dieses Märchen vom Fischer und seiner Frau, eben jener Ilsebill. Ist diese neue Ilsebill auch so eine? Eine, die meckert und nörgelt und ihrem Mann das Leben zur Hölle macht? Mal sehen …

Ilsebill salzte …

Sie salzt! Es geht ums Essen! Fantastisch! So etwas liest man in der Weltliteratur viel zu selten. Oft genügt ein Nebensatz, in dem beschrieben wird, was es zum Mittagessen gibt. Es muss ja nicht gleich eine Orgie sein. Aber die Figuren leben doch auch, indem sie sich ernähren. Eine Geschichte ohne jedwede Nahrungsaufnahme ist mir suspekt. Und noch viel schöner als die Beschreibung des Essvorgangs ist jener des Kochens selbst. Wenn Ilsebill salzt, wissen wir zwar nicht, ob sie kocht oder schon beim Essen ist, ob sie das Essen selbst gekocht oder serviert bekommen hat. Aber wir sind in einer kulinarischen Welt. Doch herrje! In keiner heilen Welt, denn:

Ilsebill salzte nach.

Etwas stimmt nicht, hat zu wenig Würze, ist ohne Pep. Hat sie es gekocht und schmeckt es nur ab? Oder ist sie wirklich eine tyrannische Ilsebill, die gerade unbarmherzig die Hoffnungen ihres ehemännlichen Kochs zerstört, indem sie sein Süppchen, Hühnchen oder Fischchen (ist es gar ein Butt?) als nicht genügend abtut – mit einer einfachen, aber so erniedrigenden Geste: Ilsebill salzte nach. Wird es Krieg geben? Oder doch nur einen zufriedenen Rülpser am Ende? Ich weiß es und bin Herrn Grass ewig dankbar dafür.

Lukas Mayrhofer, Wien, Österreich

GEWINNER DES WETTBEWERBS IN DER KATEGORIE ERWACHSENE

»Ich bin so knallvergnügt erwacht.«

Joachim Ringelnatz, Morgenwonne, in: Zupf dir ein Wölkchen (München: dtv 2005; Erstausgabe: Berlin: Ernst Rowohlt Verlag, 103 Gedichte von Joachim Ringelnatz, 1933)

Schon der erste Satz stimmt mich heiter. Sowohl seine Wortwahl wie auch die Satzmelodie laden zum vergnügten Weiterlesen ein und zum Innehalten in unserer schnelllebigen Zeit. Ringelnatz zeigt auf wunderbare Weise, wie schön die deutsche Sprache sein kann, welche Vielfalt sie bietet. Jede Zeile lässt seine Freude am Sprachspiel erkennen und die reichhaltigen Möglichkeiten, sich durch Sprache auszudrücken.

Michaela Hueber, Verlegerin, München

»Vor einem Jahr kam mein Vater auf die denkbar schwerste Weise zu Schaden, er starb.«

Jurek Becker, Bronsteins Kinder (Frankfurt am Main: Suhrkamp 2007; Erstausgabe: 1986)

Dieser Satz ist für mich der schönste erste Satz, weil er etwas ganz Ungeheuerliches wagt: ausgerechnet den Tod (des Vaters obendrein) an den Anfang der Geschichte zu setzen und ihn dabei mit einer bemerkenswerten Ironie und Beiläufigkeit zu behandeln.

Florian Hutterer, Berlin

»Wo Nacht und Norden enden, liegt über Nebeln die Feste der Schneekönigin.«

Kai Meyer, Frostfeuer (Bindlach: Loewe 2005, Erstausgabe)

Man hört den eisigen Wind um die Zinnen heulen und sieht das kristallene Schloss der Schneekönigin. Wunderschön und doch erbarmungslos in seiner Kälte.
Christina Richtsfeld, Simbach/Inn

»Die alte Frau Pawlak kriegt nie Post.«

Ursel Scheffler, Das besondere Weihnachtspaket, in: Weihnachtsgeschichten
(Würzburg: Arena Verlag 2002; Erstausgabe: 2002)

Dieser Satz hat mich gleich an mich erinnert, wie ich früher morgens immer voller Hoffnung zum Briefkasten gerannt bin und doch wieder nur fünf Briefe an meinen Vater und zwei an meine Mutter drinlagen. Ich dachte immer, dass mich keiner lieb hat. Mein Papa versuchte, mich immer mit der WZ zu vertrösten, doch das reichte mir nicht, ich wollte etwas Persönliches geschrieben bekommen. So rannte ich jeden Morgen umsonst zum Briefkasten.

Als ich den ersten Satz las, konnte ich mich richtig in Frau Pawlak hineinfühlen, die noch nicht einmal Rechnungen bekam. Ich wollte weiterlesen, weil ich Interesse daran hatte, zu erfahren, ob Frau Pawlak auch weiterhin jeden Morgen umsonst zum Briefkasten gehen musste und warum sie keine Post bekam.

Doch als ich weiterlas, war die Antwort unvorhersehbar, die die Geschichte dann beschrieb. Frau Pawlak hat gar keinen mehr, keine Freunde, keine Verwandten. Nur Bilder von ihnen an der Wand. So beschließt sie, drei Briefe, fünf Postkarten und ein Paket mit ihren Lieblingssachen an sich selbst zu schicken. Als die Sachen ankamen, freute sie sich so sehr, dass sie zu ihrem Geburtstag dies wiederholt. Als ich die Geschichte zum ersten Mal las, war ich sieben. Ich fand die Idee so gut, dass ich das Gleiche tat … und es funktionierte.
Eva Peitz, Erkrath, 10. Klasse

»Bevor Sie mit dem Lesen beginnen, muß eines festgestellt werden: Fischen ist kein Hobby.«

Alexander Spoerl, Das neue Angelbuch (Stuttgart: Jourpart 1977, Erstausgabe)

Dieser Satz ist für mich der schönste erste Satz, weil er damit recht hat, dass Angeln kein Hobby ist, denn Angeln ist eine Sportart.

Tobias Keuntje, Langelsheim, 8. Klasse

»›Wie, du angelst? Da muss man stundenlang herumsitzen, darf keinen Mucks von sich geben und fangen tun die auch nie was.‹«

Thorsten Löw, Beißt nicht, gibt´s nicht (Stuttgart: Kosmos 2006, Erstausgabe)

Ich finde diesen ersten Satz so interessant, weil er so geschrieben ist, dass man nach dem Lesen dieses Buches meint, mehr zu fangen und zu wissen. Manche Leute, die nicht angeln, sagen immer: »Angeln ist langweilig und fangen tun die Angler auch nichts!« Genau das Gegenteil will der erste Satz ausdrücken, und das finde ich gut!

Das Buch erfüllt die Erwartungen, weil ich nach dem Lesen drei Karpfen weit über der 15-Pfund-Marke erbeuten konnte.

Lukas Schildbach, Amberg, 6. Klasse

»Als ich elf war, habe ich mein Schwein geschlachtet und bin zu den Dirnen gegangen.«

Eric-Emmanuel Schmitt, Monsieur Ibrahim und die Blumen des Koran (Frankfurt am Main: S. Fischer 2004; Erstausgabe: 2001)

Dieser Satz wirkt auf den ersten Blick sehr abstrus, aber gerade dadurch erweckt er eine gewisse Neugier herauszufinden, wer dieser elfjährige Junge ist und in welcher Situation er gerade stecken muss, wenn er in dem jungen Alter seine gesamten Ersparnisse nimmt, um sie im Bordell auszugeben. Die Geschichte zeichnet wunderschön das Bild eines kleinen Jungen, der eigentlich viel zu früh ins kalte Wasser des Erwachsenwerdens geworfen wird und schon mit elf Jahren völlig alleine für sich verantwortlich ist.

Anja König, Norderstedt

»Als Gregor Samsa eines Morgens aus unruhigen Träumen erwachte, fand er sich in seinem Bett zu einem ungeheueren Ungeziefer verwandelt.«

Franz Kafka, Die Verwandlung (Frankfurt am Main: Suhrkamp 2005; Erstausgabe: 1915)

Sommerferien 2006. Ich musste noch drei Bücher für Deutsch lesen und entschloss mich, mit dem dünnsten zu beginnen – Kafkas »Verwandlung«. Bis jetzt kann ich mich an kein anderes Buch erinnern, dessen Anfangssatz sich mir so eingeprägt hat, und ich will versuchen zu erklären, warum.

Kafka muss von einer anderen Wirklichkeit ausgehen, denn er berichtet von Gregors Verwandlung als wäre sie das Selbstverständlichste der Welt. Und er bereitet den Leser nicht im Geringsten darauf vor.

Nach dem Lesen dieses Satzes fühlte ich mich leicht überfordert – ich erinnere mich genau, dass ich innehielt und mir Hunderte Fragen auf einmal durch den Kopf schossen: Wer ist Gregor? Was hat er getan? Was soll das Ganze? Und warum zum Teufel hat er sich verwandelt?

Während des Weiterlesens fand ich mich langsam mit der Tatsache ab, dass ich wohl nicht erfahren würde, warum Gregor sich in einen Käfer verwandelt hatte. Ich erkannte sogar, dass dies die ganze Geschichte zunichte machen würde.

So findet man beim Lesen nicht die Antworten, derentwegen man weiterlas, sondern man erkennt ihre Irrelevanz und konzentriert sich auf das Wesentliche. Sollte man das nicht außergewöhnlich nennen? Kafkas Anfangssatz habe ich deshalb als »schönsten ersten Satz« ausgewählt, weil er eigentlich nicht Teil der folgenden Geschichte, sondern Voraussetzung ist.

Er informiert den Leser über das Nötigste und scheint zu sagen: »So ist die Situation. Bist du bereit mitzugehen?« Den Satz nur »schön« zu nennen, fände ich jedoch unpassend. Er ist weder besonders poetisch, noch berichtet er von etwas Schönem; in meinen Augen ist er jedoch ein vollkommener Anfangssatz.

Lisa Meinecke, Bad Homburg

...

Ich bin ein Käfer! Man wacht auf und ist doch noch in seinem Traum gefangen und hält ihn für Realität. In meiner Erinnerung, als ich diesen ersten Satz zum ersten Mal las, war ich ein dicker, schwarzer Käfer mit glänzenden Flügeln. Zu dieser Zeit war ich ein sogenannter Teenager. Und ich war beeindruckt davon, dass es endlich jemand ansprach: dieses Gefühl, sich so fremd zu sein kurz nach dem Aufwachen.

Unsere einzige Rettung nach diesem Satz wäre gewesen, wenn Kafka ihn zu einer putzigen Kindergeschichte weitergesponnen hätte. Doch Ungeziefer, das ist kein Spaß. Und dennoch ist der Satz schön, weil er einen hineinzieht und sofort selbst verwandelt, wenn man sich auf diese Absurdität ohne nachzudenken einlässt.

Die Geschichte ist anrührend, denn man schwankt zwischen Ekel, Ungläubigkeit, Hilflosigkeit, Mitleid und Empörung. Selten war ich so sehr in einer Geschichte, damals wie heute. Die Metamorphose eines Kleingeistes. Wäre es möglich, dieses Szenario in einer Realityshow zu zeigen, würde der Laienprotagonist alle Höflichkeit fahren lassen ob der Unglaublichkeit des Ganzen. Doch Gregor bleibt höflich, ängstlich. Sein Käfersein erschreckt weniger als die Vorstellung, andere könnten ihn so sehen.

Und als ich auf einem Markt in Roi Et nach einer der glänzenden, perfekten schwarzen Bohnen griff, die zu einem ordentlichen, schönen Stapel aufgetürmt waren und sie umdrehte, hatte sie Beine und war von dem Käfer meiner damaligen Vorstellung in nichts unterschieden außer in der Größe.

Heike Luu, Marburg

...

Meiner Meinung nach, und ich teile diese Meinung mit anderen Lesern, ist Franz Kafkas erster Satz aus »Die Verwandlung« einer der schönsten, schockierendsten Sätze, die ich je gelesen habe. In diesem ersten Satz wird eine der anstößigsten, bizarrsten Realitäten der Literatur von dem Schriftsteller Kafka dargestellt.

Die Geschichte zeichnet ein Bild des Scheiterns, einer extremen Minderwertigkeit, des Gefühls, dass man ganz fehl am Platz durch einen neuen Körper ist, den Körper eines ungeheueren Ungeziefers, alles ohne Umschweife geschrieben.

»Die Verwandlung« habe ich als 12-jähriger Knabe auf Portugiesisch gelesen, dann auf Russisch, als ich 25 Jahre alt war, noch einmal auf Englisch an meinem 36. Geburtstag und das letzte Mal in meinem derzeitigen Alter von 48. Das erste Mal spürte ich Schrecken und Entsetzen, das zweite Mal erregte die Geschichte in mir Angst und Wahnsinn, das dritte Mal kam sie mir komisch und traurig vor. Neulich erfuhr ich Demut und Mitgefühl, aber niemals Gleichgültigkeit.

Ich halte »Die Verwandlung« für eines der interessantesten Bücher, die ich je gelesen habe und behalte es an der Seite auf meinem Nachttisch. Und das Wichtigste: In der Originalsprache, in der deutschen Sprache.

Louis Edward Bizin, Sydney, Australien

»Eines weiß ich sicher: Eines schönen Tages werde ich einen Dolch nehmen und meine sämtlichen Brüder kaltblütig erstechen.«

Sandra Saborowski, Brüder zu verschenken, in: Tina Caspari, Dorothee Haentjes, Sandra Saborowski: Brüder und andere Peinlichkeiten (München: Egmont Franz Schneider Verlag 2006, Erstausgabe)

Ziemlich brutal – auf den ersten Blick. Aber beim zweiten Hinsehen gut nachvollziehbar, wenn man Geschwister hat, dazu noch Brüder. Der Satz spricht uns sozusagen aus der Seele, weil man an manchen Tagen die Geschwister wirklich zum Mond schießen könnte, da sie einfach nur nerven.

Witzig an dem ersten Satz ist das Wörtchen »sämtliche«: Hat das Mädchen so viele Brüder, dass sie die genaue Zahl nicht weiß? Oder schert sie einfach alle über einen Kamm? Auf jeden Fall wirkt der erste Satz durch dieses Wort etwas harmloser, nicht mehr ganz so brutal.

Jamira Breuksch, Marina Pünter, Karina Lückenjans, Marie-Claire Wiener, Leonie Bettin, Nadja van't Hoff, Papenburg, 6. Klasse

»In der Mottengasse elf, oben unter dem Dach hinter dem siebten Balken in dem Haus, wo der alte Eisenbahnsignalvorsteher Herr Gleisennagel wohnt, steht eine sehr geheimnisvolle Kiste.«

Janosch, Lari Fari Mogelzahn (Weinheim: Beltz 1998; Erstausgabe: 1971)

Dieser Satz ist witzig wegen der zwei lustigen Wörter »Mottengasse« und »Herr Gleisennagel«, und die geheimnisvolle Kiste macht neugierig.

Lorenz Glück, Augsburg, 8 Jahre

GEWINNER **DES WETTBEWERBS IN DER KATEGORIE** KINDER UND JUGENDLICHE

»Da er Raat hieß, nannte die ganze Schule ihn Unrat.«

Heinrich Mann, Professor Unrat (Frankfurt am Main: S. Fischer 2002; Erstausgabe: 1905)

Dies ist – traun fürwahr – der schonungslose Anfang meiner Geschichte. Es ist kein Zweifel erlaubt, dass ein solcher Beginn in Verbindung mit dem Titel dieses literarischen Machwerks unwürdige Schüler anstachelt, sich in frevelhafter Weise über Lehrkörper der pädagogischen Anstalten zu äußern. Immer mal wieder wird hier ein Lehrer der allgemeinen Heiterkeit preisgegeben. Der erste Satz ist – wahrlich doch – unlogisch und höchst verwerflich, enthält er doch diese Bezeichnung, die ich nicht gewillt bin, mir länger bieten zu lassen.

> Die vorwitzigen Schüler, die ich bei Verwendung dieses Wortes U... fasse, werde ich in ihrer Laufbahn – gewiss nun freilich – beträchtlich aufzuhalten wissen! Mitnichten schreckt dieser Satz ab – vielmehr kitzelt er die Neugier aller, die jemals eine Schulbank gedrückt haben. Oho, es steigen – gewiss doch – Erinnerungen auf, welche zum Weiterlesen drängen. Erinnerungen an Autoritäten, deren Sturz man herbeigesehnt hatte. Erinnerungen an Unverschämtheiten, die zu begehen man sich nicht zu schade war. Erinnerungen an manch treffliche Pseudonyme für komische Professoren. Wie viele Leser mögen ihre Lehrer früher hinterrücks angefeindet und betrogen haben, wie viele wetzten ihre geistlose Feder an erhabenen Gegenständen wie der Jungfrau von Orleans? Wie viele gerieten ins Schwitzen bei dem Versuch, Homer, den sie nicht präpariert hatten, passabel zu übersetzen?

Diese meine – nun mitunter – tragische Geschichte befriedigt wahrhaftig Rachegelüste und verklärt – traun fürwahr – eine misslungene Schullaufbahn. Sei dem nun aber wie immer ihm wolle – still und erhaben leuchtet die Künstlerin Rosa Fröhlich durch die Zeilen des Romans. Ihrer wollen alle teilhaftig werden, auch die unwürdigsten meiner Schüler. Das Treiben von Nebendingen während des Unterrichts und Auflehnung gegen die Herrschaft des Lehrers genügen ihnen nicht. Ihre niedere Gesinnung erweist sich im Besuch des Lokals zum »Blauen Engel«, in welchem sie die Künstlerin Fröhlich anschmachten und die Grenzen des moralisch zulässigen – immer mal wieder – überschreiten.

> Aber die Sängerin steht – wahrlich doch – unter meinem Schutz und ich bin nicht gesonnen, mich auch nur für eine Stunde des mir übrig bleibenden Lebens von ihr zu trennen. Zugleich ist mein Bestreben – aufgemerkt nun also – Schüler, die bisher nie bei der Nennung »meines« Namens Unrat zu fassen waren, mittels unsittlicher Verlockungen ins äußerste Verderben zu führen! Möge der geneigte Leser urteilen, ob dies Vorhaben von Erfolg gekrönt ist.
>
> gez. Herr Professor Doktor Raat

Carola Salamon, Xanten

»Einen Briefumschlag macht man auf und zieht etwas heraus, das beißt oder sticht, obwohl es kein Tier ist.«

Irmgard Keun, Nach Mitternacht (Berlin: List Taschenbücher bei Ullstein 2002; Erstausgabe: 1937)

Irgendein Schriftsteller schrieb einmal, dass Bücher nichts anderes seien als Briefe an gute Freunde. Darüber hatte ich aber noch nie nachgedacht.

Ich war nach diesem ersten Satz sofort gefangen, auch im Zoo will man natürlich von Kind an die gefährlichen Tiere sehen. Was mich auf den folgenden Seiten also beißen oder stechen würde, musste ich sofort erfahren. Es ist eine Angstlust, die einen mit dem Buch verbindet. Ich wusste, dass es um die schlimmste Zeit der deutschen Geschichte ging, dass die Autorin über Köln schreibt (wo ich arbeite) und auch, dass sie in Bonn (wo ich lebe) in einer psychiatrischen Klinik die letzten Lebensjahre verbracht hat. Mein Buchhändler ist ihr in einer alten Bonner Kneipe ab und zu begegnet. Ihr Roman »Nach Mitternacht« erschien 1937 – natürlich nicht in Deutschland.

Ich wusste also, dass dieser Brief in Romanform in einen nahe liegenden Briefkasten geworfen worden war. Dem bissigen Tier war ich also sehr nah. Verletzt wird, schon durch diesen ersten Satz, aber nicht der Körper, sondern das konventionelle Denken. Eine bissige Geschichte verwickelt einen in Konflikte und man kämpft sich lesend frei, indem man der Romanfigur folgt. Auch wenn ich Schreckliches durchstehen musste, so fühlte ich mich sicher in den Händen einer sehr guten Schriftstellerin. Nach der Lektüre des Romans hatte ich eine Reise in eine mir bekannte Stadt in einer mir unbekannten Zeit gemacht und war mit Bissen und Stichen übersät. So ein Buch legt man nicht einfach weg und nimmt dann das nächste. Es ist kein Streichelzoo, sondern es führt einen zu den gefährlichen Tieren. Mehr noch: Die Buchstaben in Romanen sind Vampire, dies schrieb einmal Vilém Flusser.

Und all das steht schon im ersten Satz, wenn auch verborgen. Eigentlich geht es um einen Brief, aber am Ende hat die Autorin das ganze Buch als Brief an ihre Leser – also auch an mich – geschickt. Deshalb ist für mich dieser erste Satz von Irmgard Keun der wichtigste erste Satz überhaupt; er steht für mich seither unsichtbar am Anfang jedes Romans.

Frank Berzbach, Bonn

»Mein erster und einziger Besuch bei einem Therapeuten kostete mich das rote Korallenarmband und meinen Geliebten.«

Judith Hermann, Sommerhaus, später (Frankfurt am Main: S. Fischer 2006; Erstausgabe: 2000)

Der Satz schmeißt uns unmittelbar in einen Grund aus Melancholie und Geheimnis. Welcher Zusammenhang besteht zwischen diesen drei scheinbar willkürlich verbundenen Gegenständen?

Die Aussage dieses ersten Satzes ist traurig und schön zugleich. So wie der Leser in der folgenden Geschichte in leisen Momentaufnahmen schwankt und das angedeutete Gefühl nicht greifen kann, so taumelt auch die Icherzählerin in ihrer Erinnerung und nimmt die Fäden der Geschichte nur zögernd in die Hand. »Ist das die Geschichte, die ich erzählen will? Ich bin nicht sicher.« Dann deuten sich Verbindungslinien zwischen den drei Variablen an: Das Korallenarmband ist die Verbindungslinie zum Geliebten; der Geliebte ist die Verbindung zum Therapeuten. Ein wunderbarer Satz, der seinen Zauber im Laufe der fein gewobenen Erzählung nie verliert.

Anika Waldorf, Leverkusen

»Der Schrei kam mittags um zwölf.«

Dietlof Reiche, Freddy. Ein Hamster greift ein (Weinheim: Beltz 2006; Erstausgabe: 2000)

Ich habe diesen Satz gewählt, da er Spannung verspricht, die im Buch auch gehalten wird. Es gibt viele Autoren, die sich in Hunde oder Katzen versetzen, doch mir ist bis jetzt kein einziger begegnet, der aus der Sicht eines Nagetiers berichtet.

Laura Dudziak, Weinheim, 10. Klasse

»Stellt Euch einen Schrank vor!«

Walter Moers, Rumo & die Wunder im Dunkeln (München: Piper 2006; Erstausgabe: 2003)

Mein schönster erster Satz ist gar nicht der schönste, den ich gefunden habe. Eigentlich ist er gar nicht schön. Er ist genial, interessant, kurz, anspruchsvoll und eine Aufforderung. Ich meine, einen Schrank muss man sich erst einmal vorstellen! Das ist gar nicht so einfach, denn ein Schrank kann jedes Aussehen haben. Man weiß nur genau, dass das ganze dicke Buch vor einem auf der ureigenen Vorstellung dieses Schrankes basiert.

> Man muss sich für eine Variante des Schranks entscheiden, bevor man weiterliest. Genau so, wie Sie sich jetzt den Schrank vorstellen, oder sogar mich; einfach, um sich mit dem Text zu identifizieren und ihn einordnen zu können. Sie werden merken: Das ist enorm wichtig, denn ansonsten kann es leicht passieren, dass man mit dem Text nicht in Berührung kommt, ihn nicht für sich selbst versteht.

Róse Müller, Fürstenwalde, 11. Klasse

»Das Sternbild Hektor wanderte einige Jahrmillionen über die Köpfe der Vormenschen, Urmenschen und Menschen hinweg, ohne sich um sie zu kümmern.«

Christa Reinig, Hektor, in: Orion trat aus dem Haus (Düsseldorf: Eremiten-Presse 1985; Erstausgabe: 1968)

Hier wird die Endlosigkeit der Zeit in ein Bild gefasst. Das Schöne daran ist, dass die Autorin dabei nicht das Naheliegende verwendet, nicht die Sonne oder den Mond wandern lässt, sondern ein ganz spezielles Sternbild: Hektor.

Paul Maar, Schriftsteller, Bamberg

»Wir atmen nicht.«

Kevin Vennemann, Nahe Jedenew (Frankfurt am Main: Suhrkamp 2006; Erstausgabe: 2005)

Ich habe selbst die Luft angehalten, um Anlauf auf den zweiten Satz zu nehmen. Ein erster Satz, der wie ein letzter klingt, und doch hört man nicht auf zu lesen.

Lena Schmidt, Künzelsau, 12. Klasse

»Das Rad an meines Vaters Mühle brauste und rauschte schon wieder recht lustig, der Schnee tröpfelte emsig vom Dache, die Sperlinge zwitscherten und tummelten sich dazwischen; ich saß auf der Türschwelle und wischte mir den Schlaf aus den Augen, mir war so recht wohl in dem warmen Sonnenscheine.«

Joseph von Eichendorff, Aus dem Leben eines Taugenichts (Stuttgart: Reclam 2001; Erstausgabe: 1826)

Könnte es doch so bleiben! Immer sitzen auf der Schwelle zwischen Nacht und Tag, immer in der Erwartung auf Frühling und sorglose Abenteuer. Um mich herum ein Zwitschern und Plätschern, in den Gliedern wohlig der Schlaf und die Wärme des Federbetts, das ein bisschen klumpig geworden ist, weil es lange niemand ausgeschüttelt hat, und das jetzt auf den Holzboden gerutscht ist, so eilig hatte ich es plötzlich, aus dem Haus zu kommen.

Von jetzt an könnte alles geschehen, aber alles wird auf ein gutes Ende zulaufen, das sagt mir dieser Anfang. Es könnte einer um die Ecke gerannt kommen mit einer schlechten Nachricht, der Himmel könnte sich verdüstern, die Vögel könnten verstummen, wer weiß, womöglich bricht ein Herz oder ein Mensch stirbt. Niemand sitzt ewig in der Sonne und reibt sich die Augen, deshalb muss ein wenig Chaos hereinbrechen und ein wenig Angst heraufzittern. Abstürzen werde ich nicht in dieser Geschichte, denn etwas sagt mir, dass da ein guter Geist am Werk ist, der dafür sorgt, dass niemand im Mühlbach ertrinkt und niemand die Vögel vergiftet und der alles wieder zu einer tröstlichen Melodie zurückführt, auch wenn sich vieles verändert haben wird.

Vor vierzig Jahren hätte ich diesen Satz altmodisch gefunden, vor dreißig verlogen, vor zwanzig banal, vor zehn zynisch. Heute könnte ich heulen, wenn ich ihn lesen. Warum das so ist? Das ist eine andere Geschichte.

Maja Ueberle-Pfaff, Gundelfingen

»Aber Jakob ist immer quer über die Gleise gegangen.«

Uwe Johnson, Mutmaßungen über Jakob (Frankfurt am Main: Suhrkamp 2003;
Erstausgabe: 1959)

Ein Buch über das Leben in der DDR, über die Spaltung des Landes, das Leiden an der
Spaltung Deutschlands und ein sprachlich brillanter Roman. Und der erste Satz ist einer,
in dem eigentlich gesagt wird: … aber er ist doch immer über die Gleise gegangen – was
ist denn da passiert? Ein Satz, der sofort eine große Frage eröffnet: Was ist mit der Person
passiert, über die das gesagt wird. Und das ganze Buch schildert den Versuch, zu
rekonstruieren, warum einer gestorben ist, warum er tot ist, was da passiert ist, welches
Schicksal dahintersteckt.

> Und hinter diesem individuellen Schicksal verbinden sich die Schicksale vieler anderer
> Menschen im geteilten Deutschland der 50er-Jahre. Ich habe ihn schon Anfang der 60er-
> Jahre gelesen. Ich habe in meiner Ausgabe nachgesehen. Es ist die Taschenbuchausgabe
> in der Fischerbücherei, Juni 1962. Also muss ich dieses Buch 1963/64 gelesen haben, als
> junger Mann, 19-/20-Jähriger, und ich habe es mit großer Aufregung und großer Zustimmung
> gelesen, denn bis zu dem Buch von Christa Wolf »Der geteilte Himmel« war die Frage
> danach, was die Teilung Deutschlands mit den Menschen anrichtet, schlicht tabuisiert.

Und da schreibt ein Autor, der selber in der DDR aufgewachsen ist und der unter anderem
wegen dieses Buches, dieses Manuskripts und der Möglichkeit seines Erscheinens die DDR
verlassen hat, da beschäftigt sich einer genau damit: mit der Frage des Leidens, des Leids
an der Spaltung Deutschlands.

Wolfgang Thierse, Vizepräsident des Deutschen Bundestages, Berlin

...

Ein Anfangssatz, der mit »Aber« beginnt – großartig! Zack ist man mitten drin in dem Buch
und nimmt Teil an den Mutmaßungen über Jakob. Einer, der immer quer über die Gleise
geht, ein Querdenkender und Querlebender – sehr gut. Das sind doch immer die besten,
ergiebigsten Helden.

> Man ahnt auch sofort, dass er gefährdet ist/war, dieser Jakob. Vollendete Vergangenheit,
> das klingt verdächtig postmortal. Vielleicht hat ein Zug – der Zug der Zeit? – ihn bereits
> zermalmt. Wer weiß? Also liest man weiter. Hochgespannt.

Antje Doßmann, Bielefeld

»Es gibt im Leben eine Zeit, wo es sich auffallend verlangsamt,
als zögerte es weiterzugehn oder wollte seine Richtung ändern.«

Robert Musil, Drei Frauen (Reinbek bei Hamburg: Rowohlt 2007; Erstausgabe: 1924)

In der Regel erinnere ich mich nicht an erste Sätze, aber manchmal verharrt man bereits
an dieser Stelle.

Eine Zeit, wo sich das Leben auffallend verlangsamt, ist eine Zeit, die man sich hin und
wieder wünscht, weil das menschliche Leben zu schnell fließt, als dass man jede seiner
Stimmen recht hören und eine Antwort auf sie finden könnte.

Sabine Wilmes, Dortmund

»Das Mondlicht fällt auf das Fußende meines Bettes und liegt dort wie ein großer, heller, flacher Stein.«

Gustav Meyrink, Golem (München: dtv 2004; Erstausgabe: 1915)

Wunderbares Bild, das einen gleich in die traumartige Atmosphäre des Buches einführt.
In die irreale Welt des Autors.

Hans Peter Katzenburg, Köln

»›Der Hirbel ist der Schlimmste von allen‹, sagten die Kinder im Heim.«

Peter Härtling, Das war der Hirbel (München: Süddeutsche Zeitung Verlag 2006; Erstausgabe: 1973)

Ich möchte sagen, dass ich Deutsch nur zwei Jahre studiert habe, deshalb entschuldigen Sie mich bitte für meine Fehler. Ich lebe in Russland und hier ist das Problem der verlassenen Kinder sehr aktuell. Und ich meine, dass die ersten Worte über die »liebelosen« Kinder niemand gleichgültig lassen können. Dieser Satz regt sofort an zu denken: Wer kann der Schlimmste sein? »›Der Hirbel ist der Schlimmste von allen‹, sagten die Kinder im Heim.« So beginnt Peter Härtling seine Geschichte vom Hirbel, um im Folgenden zu beweisen, dass das nicht wahr ist.

> Der Hirbel war nicht der Schlimmste, er war der Einsamste. Es scheint, dass es sehr einfach ist, als Kind glücklich zu sein. Ein Kind braucht so wenig … Essen, Wasser und die Kombination der Aufmerksamkeit und Freiheit. Das ist so wenig! Aber kann man glücklich sein, wenn man nicht geliebt ist? Man kann sagen, dass Hirbel Freunde hatte und die Erzieherinnen ihn gern hatten. Aber da war keine Liebe, zwar Herzensgüte und Sympathie, aber das kann nicht Elternliebe ersetzen.

Wie kann man in der fremden Welt, wo niemand einen braucht, glücklich sein? Liebe ist ein geheimnisvolles und märchenhaftes Wort, das zu viel vereinigt, um es aufzuzählen. Und es ist das einzige Wort, das Einsamkeit füllen kann. Das Kind lernt alles und es lernt zu leben, aber das Leben ist ohne Liebe unmöglich, so lernt es zu lieben. Umgebungen zu lieben, sich zu lieben. Was man nicht gelernt hat, wird einem immer fehlen.

> In Russland werden 100 Kinder jeden Tag, 3.000 jeden Monat, verlassen. Sehen wir um uns hier in unserer Großstadt. Wie viele »Hirbels« gibt es hier? Und glauben Sie, dass WIR die Schlimmsten sind?

Marina Demenkowa, Wladimir, Russland

»Der Engel brannte.«

Wolfgang und Heike Hohlbein, Krieg der Engel (München: Bertelsmann 2007;
Erstausgabe: 1999)

Ich habe mir diesen Satz ausgesucht, weil er so dramatisch ist und irgendwie auch poetisch. Er kann alleine stehen, aber abhängig vom nachfolgenden Satz kann die Geschichte auf Tausende Arten und Weisen weitergehen. Der Satz ist auch traurig, weil man sich Engel als etwas Perfektes, Unfehlbares und Unsterbliches vorstellt.

Viele glauben, man wird ein Engel, wenn man stirbt. Und sich vorzustellen, dass dieser Engel mal eine Person war, die schon gelitten hat, die schon mal gestorben ist, ist schon traurig. Ich dachte, nach dem Tod wird's besser.

Timo Akarcay, Dormagen, 8. Klasse

»Hier kommt nun Eduard Bär die Treppe herunter, rumpeldipumpel,
auf dem Hinterkopf, hinter Christopher Robin.«

Alan A. Milne, Pu der Bär (München: Omnibus 2007; Erstausgabe: 1926)

> Dieser Satz ist für mich der schönste erste Satz, weil er beim Lesen ein so tolles Geräusch erzeugt, wie es nur Pu kann. Bis zum letzten Satz, der genauso – rumpeldipumpel – schön ist, bleibt Pu der gemütliche, dumme Brummbär. Er hat mich trotzdem zu seinen Nachdenkereien angestiftet. Da war ich noch ganz klein.

Und eigentlich denken wir ja viel zu wenig nach, wahrscheinlich weil viel zu viel Gerumpel
um uns herum ist.

Hannah Mühlich, Nürnberg, 12 Jahre

»Sieht man bei einem Stromkreis mit konstanter Spannung
von Ein- und Ausschaltvorgängen ab, so hängt die Stromstärke im Kreis
nur vom ohmschen Widerstand ab.«

Müller / Leitner / Dilg / Mráz, Physik. Leistungskurs 2. Semester. Elektromagnetische
Schwingungen und Wellen. Wellenoptik. Relativitätstheorie (München: Oldenbourg
Schulbuchverlag 2000; Erstausgabe: 1978)

Aufgrund von fünfzehn Jahren Leseerfahrung habe ich mich nach einem schwierigen
Entscheidungsprozess und nächtelangen Überlegungen für diesen überaus prägnanten
und aufschlussreichen, hochintellektuellen, aber doch allgemein verständlichen, bildreichen,
aber doch auf eine gewisse Art und Weise sachorientierten, auf den ersten Blick banalen,
aber doch richtungsweisenden, prosaischen und zugleich mit weltfremden Ideen behafteten,
vor Gefühlen triefenden Satz des reinen Wissens entschieden.

Bastian Perner, Heideck

»Philosophie, die einmal überholt schien, erhält sich am Leben,
weil der Augenblick ihrer Verwirklichung versäumt ward.«

Theodor W. Adorno, Negative Dialektik (Frankfurt am Main: Suhrkamp 2003; Erstausgabe: 1966)

Der Satz schillert wie ein Kristall, auf den aus verschiedenen Richtungen Licht fällt. Nicht
nur durch die antiquiert anmutende Formulierung am Ende, sondern auch vom Inhalt her,
klingt es hier ein bisschen wehmütig und vielleicht auch ein bisschen nostalgisch nach alten
Versprechen und Träumen. Die Erinnerung an das nicht eingelöste Glück in der großen
Geschichte aktiviert Erinnerungen an Kindheitsträume.

Ralf Kellermann, Stuttgart

»Um zwey Uhr einer schönen Junymondnacht ging ein Kater längs des Dachfensters, und schaute in den Mond.«
Adalbert Stifter, Der Condor (München: dtv 2005; Erstausgabe: 1840)

Es ist eigentlich eine Frechheit, eine Erzählung so zu beginnen! Aber herrlich verrückt.
Augusta Opfermann-Müller, Berlin

»Erinnerungen sind aus wundersamem Stoff gemacht – trügerisch und dennoch zwingend, mächtig und schattenhaft.«
Klaus Mann, Der Wendepunkt (Reinbek bei Hamburg: Rowohlt 2006; Erstausgabe: 1952)

Man hat selbst schon Erfahrungen gemacht, die diesen Satz bestätigen können. Erinnerungen begleiten und beeinflussen unser Leben.
Zum Beispiel treten schlechte Erinnerungen auf, wenn man sich schon mal im Kasino bankrott gespielt hat und dort trotzdem wieder spielt.
Jedoch beeinflussen uns auch positive Gedanken, wie Erinnnerungen an schöne Zeiten, zum Beispiel ein Kuss. Solche Erinnerungen kommen bei jedem Wiedersehen hervor und beeinflussen das Handeln. Somit sind Erinnerungen ein wichtiges Instrument zum Leben, quasi das Gewissen.
Niklas Meyer, Melle, 13. Klasse

»Stahlblau und leicht, bewegt von einem leisen, kaum merklichen Gegenwind, waren die Wellen des adriatischen Meeres dem kaiserlichen Geschwader entgegengeströmt, als dieses, die mählich anrückenden Flachhügel der kalabrischen Küste zur Linken, dem Hafen Brundisium zusteuerte, und jetzt, da die sonnige, dennoch so todesahnende Einsamkeit der See sich ins friedvoll Freudige menschlicher Tätigkeit wandelte, da die Fluten, sanft überglänzt von der Nähe menschlichen Seins und Hausens, sich mit vielerlei Schiffen bevölkerten, mit solchen, die gleicherweise dem Hafen zustrebten, mit solchen, die aus ihm ausgelaufen waren, jetzt, da die braunsegeligen Fischerboote bereits überall die kleinen Schutzmolen all der vielen Dörfer und Ansiedlungen längs der weißbespülten Ufer verließen, um zum abendlichen Fang auszuziehen, da war das Wasser beinahe spiegelglatt geworden; perlmuttern war darüber die Muschel des Himmels geöffnet, es wurde Abend, und man roch das Holzfeuer der Herdstätten, so oft die Töne des Lebens, ein Hämmern oder ein Ruf von dort hergeweht und herangetragen wurden.«

Hermann Broch, Der Tod des Vergil (Frankfurt am Main: Suhrkamp 1995; Erstausgabe: 1945)

Der ganze Roman wird in diesem typisch deutschen Satz mit all seinen Verschachtelungen und grammatischen Möglichkeiten komprimiert dargestellt. Besonders aber möchte ich hier noch die kunstvoll in seiner Wortkombination kaum zu übertreffende Wortgestaltung, die Verdichtung hervorheben: »todesahnende Einsamkeit«, »braunsegeligen Fischerboote«, »weißbespültes Ufer«. Das sind alles Wortkombinationen, die das unpoetische Rechtschreibprogramm meines Computers als solche nicht erkennt. Wie sollte es auch?

Helmuth Hahner, Oldenburg

Dem ersten Satz folgt das Tohuwabohu oder Anfang gut, Ende offen
Prof. Dr. Joseph Anton Kruse

Es ist nachweislich von Beginn der gesprochenen wie geschriebenen Geschichten an sprichwörtlich: Aller Anfang ist schwer. Die Erzähler beiderlei Geschlechtes aus sämtlichen Sprachen der Welt haben sich seit Jahrtausenden so viel vorgenommen und wollten es doch so verständlich und natürlich wie möglich hinter sich bringen. Die Kinder, wahrscheinlich im Hocksitz, sind am ersten um sie versammelt. Im Sommer geht ein leichter, erfrischender Wind durch die Hütten und Wohnungen oder über die Plätze. Es wird die Stunde des Abendsonnenscheins und der Dämmerung sein. Im Winter tut das Lagerfeuer oder der Kamin seinen Dienst. Möglicherweise kauert die Zuhörerschaft inzwischen längst auf Bänken. Und der Mond ist aufgegangen. Man schaut erwartungsvoll, schnäuzt und räuspert sich, auf beiden Seiten, das Publikum wie die Verkünder von Märchen, Sagen, Legenden, verwickelten Handlungen und tragischen oder komischen Lebensläufen, die ihrerseits in der Mitte oder vorne thronen. Oder sind es bereits Kulissen, vor denen deklamiert wird, oder Bühnen, auf denen die gewichtigen Sätze über die Rampe kommen? Oder sind es gar riesige Leinwände, auf denen sich in Großaufnahme die Paare nach dem ersten Satz noch lange schweigend ansehen und am Ende auf immer lieben?

Das Erstere, nämlich das Publikum, für das solcherlei Veranstaltungen überhaupt statthaben sollen und für das alles Vorgetragene erfunden und in die passende Form gegossen wurde, könnte im Übrigen nicht verstehen, was die vor ihm aufragenden oder demütig verborgenen schriftstellernden Sprecher sagen, wenn es nicht von der Vergleichbarkeit der Erlebnisse auszugehen vermöchte. Erst im angehaltenen Atem, im Beifall, im Schrecken und in den sich teilweise unter Tränen wie von selbst ergebenden guten Vorsätzen hat die Botschaft aus Wort und Sinn die Herzen im Sturm erobert und macht sich in ihnen bis auf Weiteres breit. Die literarische Spannung, die sich nach den ersten Worten aufbaute, hat die alltägliche Langeweile vertrieben und manches ist nach dem Zuhören oder auch der

Lektüre klarer vor Augen oder als Sehnsucht vorhanden, was sonst im gewöhnlichen Trab finster, dunkel, unaufgeklärt geblieben oder eben weniger geheimnisvoll und damit um vieles unschöner gewesen wäre.

Mit dem kleinen Volk käme man noch zurecht, denken die durch Begabung geschaffenen oder Gewöhnung geschulten Sprecher oder Schreiber. Aber was ist mit den anderen, mit dessen Erzeugern, Anhang oder Vorgängern? Denn schließlich, das ist unvermeidlich, werden unweigerlich die Erwachsenen womöglich noch mehr davon mitbekommen, was aus der Quelle der Dichtung, aus den Fontänen der Weltliteratur, mit anderen Worten: aus Erinnerung und Fantasie sprudelt. Am besten ist auch, wenn die Lesewelt mit dem Gesagten älter werden kann und das Verfallsdatum bei Texten so weit wie möglich in Richtung Abschied vom Leben und von der Erde geschoben wird, ja das Erzählte auf das uns allen blühende Ende im Prinzip keine Rücksicht zu nehmen braucht, weil Unsterblichkeit für Werk und Figuren in Gestalt von immensen Generationen der Anhängerschaft winkt. Der Don Quichotte ist dafür ein nicht unterzukriegendes Exempel. Immer sprechen wir zwar vom Tod, wollen jedoch eigentlich freiwillig nichts davon wissen. Die Erzähler aus Traum und Wirklichkeit, die Bücher aus Licht und Schatten halten für diesen trotz inzwischen methusalemischer Zustände immer noch akuten Fall manchen Trost bereit. Und obgleich sie die Schleier aufdeckten, haben sie auch Decken, um zu wärmen oder unangenehme Geschehnisse zu verhüllen.

Und im Übrigen will die Stimme der Erzählkunst uneingestanden und in der Tat gerade auch von der Schwiegertochter oder dem Schwiegersohn, von der Schwägerin oder dem Schwager, von den Eltern oder der Großmutter, von Großvater, Geschwistern, Tante und Onkel, Vetter und Cousine, Nichte und Neffe aus den jeweiligen unüberschaubaren Familienverbänden, vor allem aber auch von den eigenen Söhnen und Töchtern als selbst verschuldeter Verwandtschaft, und natürlich ebenso von dem als Gefährten oder Partnern deklarierten engeren Umfeld, von Bekannten und Freunden, von der unmittelbaren Nachbarschaft ganz zu schweigen, wahrgenommen, ja nichts als gehört, gelesen und bewundert werden. Diese Stimme der hehren Prosa will wirklich, man mag es kaum glauben, zugleich von Beginn an nicht nur in Ohr und Verstand wohnen, sondern auch ernsthaft und umgewendet und als Stütze in Harmesnächten unvergesslich und richtungweisend werden, so unterhaltsam es gelegentlich bei den Geschichten nach Inhalt wie Vortrag auch zugehen mag. Denn nichts ist peinlicher als ein vom Stuhl gesunkener Zuhörer oder Leser. Wenn es denn schon im Liegen geschieht, das Lesen, Hören und Schauen von Literatur, mögen wir die sich unwillkürlich zuklappenden Augenlider und das auf den Boden gefallene Buch, die nicht abgeschaltete Stimme eines »raunenden Beschwörers des Imperfekts«, wie Thomas Mann beim Auftakt des »Zauberbergs« den Erzähler charakterisiert hat, oder die vor sich hinflimmernde Mattscheibe mit »Berlin Alexanderplatz« nach Alfred Döblin von Rainer Werner Fassbinder gnädig einmal übersehen.

Wer spricht die Botschaft? Von wem stammen die Nachrichten? Ob von Gott oder Menschen, Propheten oder Sehern, sämtliche Werke kommen auf keinen Fall ohne den ersten Satz aus. Der Herr schuf Himmel und Erde, sehr wohl, aber diesem Anfang folgt der Hinweis auf das Durcheinander, auf das echte Tohuwabohu, auf alles, was wüst und leer war, im ersten Buch der Heiligen Schrift des Alten Testamentes gleich auf dem Fuß. Und damit haben wir auch schon das Geheimnis aller Erzählungen und Geschichten von Erschaffung oder Entstehung der Welt bis heute ausgesprochen. Sie beginnen auf tausenderlei geradlinig verlockende Art und haben dann mit mehr oder weniger Stoff, oft genug sogar mit dem Nichts, jedenfalls immer mit den Sätzen des sich anschließenden mündlichen Berichts oder den dunklen Chiffren auf den folgenden Seiten zu kämpfen und wahrlich Ordnung zu schaffen. Ohne Ordnung, ohne sinnvolle Abfolge vom ersten Satz bis zum letzten Satzzeichen ist nun einmal nichts zu machen. Immer noch gefallen uns die, wenn auch ins Kraut geschossenen Bücher mit richtigem Anfang, noch so verwickelten Fortsetzungen und einem leider in Kauf zu nehmenden Ende gerade wegen der im allgemeinen Chaos doch stets durch ganze Interpretationsgemeinden zu entdeckenden untergründigen Zusammenhänge und sinnvollen Verknüpfungen am besten.

Die Bibel, das Buch der Bücher, ist zumal im Alten Testament ein gutes Beispiel für das überrumpelnde Geschichtenerzählen, das die kleinen wie großen Kinder meint, wie Heinrich Heine zur Mitte des 19. Jahrhunderts bewundernd konstatierte und das Wort von der Hausapotheke der Menschheit dafür erfand. Im Johannesevangelium des Neuen Testaments geht es beispielsweise ebenfalls mit einer eigenen Kur anspruchsvoll, aber ebenso wahr wie überzeugend los: Im Anfang war das Wort, und das Wort war bei Gott. Man muss sich nicht wundern, dass so ziemlich zu Beginn eines großen Dramas der Weltliteratur, nämlich im Studierzimmer von Goethes »Faust«, dieser gerade mit der Übersetzung des johanneischen Felsens der menschlichen Deutungsgeschichte sich abmüht und aus dem Wort die Tat erschafft, auch wenn der ebenso gelehrte wie lebenshungrige Held insgesamt zunächst einmal scheitert, aber schließlich doch gerettet wird.

Um bei Goethe zu bleiben. Sein erster, seinerzeit so sehr zur Nachahmung anregender Roman, nach dessen Helden sich viele junge Männer nicht nur den modischen Anzug zum Vorbild nahmen, sondern sich tatsächlich leider auch totschossen, beginnt nach dem kurzen erklärenden Vorspruch des Herausgebers der Briefe, die »Die Leiden des jungen Werthers« dokumentieren, mit jenem Satz der ersten Epistel an seinen Freund vom 4. Mai 1771, der das tragische Ende vorwegnimmt: »Wie froh bin ich, dass ich weg bin!« Schließlich hat er sich am Ende dann aus sämtlichen erotischen wie sozialen Gefügen mithilfe seiner Pistole verabschiedet. Der Dichter, so erklären wir uns die Selbstmordgeschichte, hat sich damit frei geschrieben und dem ersten, denn doch nicht gerade Gutes verheißenden Anfangssatz ein langes, erfülltes und ziemlich glückliches Leben folgen lassen. Wir sind gewohnt, es – Hand in Hand mit Schiller – als Weimarer Klassik zu bezeichnen.

»Tief ist der Brunnen der Vergangenheit. Sollte man ihn nicht unergründlich nennen?« So beginnen die »Josephs«-Romane Thomas Manns. Damit hat er sämtliche Höllen- wie Himmelfahrten unserer Erzählkunst auf die praktische, geradezu biblische Formel gebracht. Manchmal werden die Brunnen auf lustige Weise erkundet wie am Anfang von Heines »Harzreise«, wo die Universitätsstadt Göttingen für alle Spießigkeit des sich ins Licht vorarbeitenden studentischen Lebens herhalten muss. Manchmal gemahnen sie in der Tat an »eine schaurige Sage der Vorzeit«, wie derselbe Schriftsteller in seinem Erzählfragment »Der Rabbi von Bacherach« in Erinnerung an den Ort eines mittelalterlichen Pogroms schreibt. Fluch und Segen der Menschheitsgeschichte sind den ersten Sätzen sämtlicher Erzählwerke und allen Wortkaskaden, die diesen folgen, abzulesen. Wir kommen ohne sie gar nicht aus. Lassen wir uns von den Anfängen verführen, damit wir den Schluss in jedem Sinne aushalten und besser überstehen.

»Ich hab was für dich!«, ruft Sören aufgeregt, wirft auf dem Weg durch die Klasse mindestens drei Stühle um und hält mir schließlich eine Papiertüte unter die Nase, aus der verführerisch süßer Duft strömt.«

Sabine Both, Herzklopfen auf Rezept (Stuttgart: Thienemann 2006, Erstausgabe)

Der Satz macht mich sehr neugierig, weil es jetzt schon viel mit Jungs zu tun hat, und das geht in dem Buch auch so weiter!!!

Jasmin Back, Lahnstein, 6. Klasse

»Du sollst zittern, kleiner Tom.«

Guillaume de la Croix, Wie Tom Cruise mein Leben stahl (München: Piper 2004, Erstausgabe)

Der erste Satz ist perfekt, weil er sofort die Hauptthematik des Buches auffasst und nicht lange um den heißen Brei herumredet. Die Handlung wird direkt auf den Punkt gebracht. Die Wut der Hauptperson wird hier bereits deutlich. Sie fühlt sich betrogen und sinnt auf Rache.

Jonas Pöld, Detmold, 8. Klasse

»Die Stadt ist, von zwei Menschenkategorien bevölkert, von Geschäftemachern und ihren Opfern, dem Lernenden und Studierenden nur auf die schmerzhafte, eine jede Natur störende, mit der Zeit *verstörende* und *zerstörende*, sehr oft nur auf die heimtückisch-tödliche Weise bewohnbar.«
Thomas Bernhard, Die Ursache (München: dtv 2004; Erstausgabe: 1975)

Dieser Satz schildert kurz und knapp die Situation unserer Gesellschaft. Dass die Menschen sich das Leben selbst bzw. gegenseitig schwer machen und man oft nicht weiß, zu welcher der beiden »Menschenkategorien« man gehört.
Stephanie Kraus, München, 11. Klasse

»Er stand vor dem Tor des Tegeler Gefängnisses und war frei.«

Alfred Döblin, Berlin Alexanderplatz (München: dtv 2002; Erstausgabe: 1929)

Es war vor zwei Jahren, da saß ich auf Koffern und Umzugskartons, in einer leeren Wohnung mit hallenden Wänden. Zum Einzug in die neue Wohnung hatte mir eine Freundin den Roman »Berlin Alexanderplatz« geschenkt. Großstadtroman, sagte sie. Sie war meine Nachbarin gewesen, im Dorf, wo jeder jeden kannte, wo man zu viel voneinander wusste, hinter den Gardinen bewegten sich scharfe Augen mit losen Zungen. Deshalb floh ich.

So saß ich in meiner Wohnung und sprach meinen ersten vollständigen Satz in der Hauptstadt, laut las ich ihn den Wänden vor: »Er stand vor dem Tor des Tegeler Gefängnisses und war frei.« Mein Pulsschlag explodierte. Tegel kannte ich nicht, aber frei war ich, wie dieser »Er«, wer auch immer, auf alle Fälle ich – war – frei! Ungläubig und schwach auf den Beinen wie ein Frischentlassener und war frei! Entlassen aus einem Gefängnis namens Ödnis. Dieses Buch war ein Zeichen, musste ein Zeichen sein, wumm wumm machte der wilde Presslufthammer und Punker sitzen am S-Bahnhof mit Bier, haha! Auf der Straße spaziert ein Lied namens Glück.

Ich tat nicht viel, ich lebte, ich schwebte, lachte ein bisschen, dachte kein bisschen. Trieb mich herum, kellnerte zunächst, gab auch das auf, war anfangs manchmal und später meistens pleite. Zwei Wochen lang ernährte ich mich von Instantsuppe.

Und dann wurde ich krank. Fiebernd lag ich im Bett und fühlte mich wie ein Brot, das über Nacht alt geworden war. Da fiel mir »Berlin Alexanderplatz« in die Hände, fast schon hatte ich das Buch vergessen. In der Hoffnung, es würde mich wieder leicht und glücklich machen wie einst, las ich den zweiten Satz, die erste Seite, die zweite Seite und dann in einem Rutsch das ganze Buch, bis die Sonne unterging und es dunkel wurde. Ich saß im Dunkeln und war erschlagen von Franz Biberkopfs schrecklichem Schicksal, von dem ich nichts geahnt hatte, und bekam Angst, furchtbare Angst vor dieser Stadt, vor der Hure Babylon. Und schließlich schlief ich ein.

Am nächsten Morgen war das Fieber verschwunden. Ich lüftete, duschte, bekam einen Kellnerjob in einem Café, besuchte wieder meine Vorlesungen. »Berlin Alexanderplatz« las ich danach noch oft, erlebte wiederholt Miezes Ermordung, Franzens Niedergang, Stück für Stück ruiniert durch das Ungeheur mit den Zähnen aus Stahl und Beton. Dieses Buch macht mich vorsichtig, doch nicht unglücklich, sondern zufrieden, aber nicht leichtfertig. Es hält mich im Gleichgewicht. Noch einmal frisst mich die Großstadt nicht. Morgens stehe ich mit dem ersten Satz auf und abends vor dem Einschlafen, da warne ich mich mit dem letzten Satz: »Wir wissen, was wir wissen, wir habens teuer bezahlen müssen.«

Anna Lu, Bochum

»Als Konrad Lang zurückkam, stand alles in Flammen, außer dem Holz im Kamin.«

Martin Suter, Small World (München: dtv 2005; Erstausgabe: 1997)

Zugleich abenteuerlustig und feige bin ich.

> Mein Leben ist bewegt, laufend treffe ich wichtige Entscheidungen, und zwar schnell, und setze sie zügig um. Die Realisierung ist durchdacht, exakt geplant und gut vorbereitet: Ich mache Listen, setze Fristen, organisiere Abläufe wie ein Räderwerk.

So viel Planung ist feige, dem Wunsch entsprungen, das Unvorhersehbare zu minimieren, aus Angst, warum sonst. Deshalb verschlägt mir dieser Satz die Sprache.

Christiane Hobrecht, Much

»Zugegeben: Ich bin Insasse einer Heil- und Pflegeanstalt, mein Pfleger beobachet mich, läßt mich kaum aus dem Auge; denn in der Tür ist ein Guckloch, und meines Pflegers Auge ist von jenem Braun, welches mich, den Blauäugigen, nicht durchschauen kann.«

Günter Grass, Die Blechtrommel (München: dtv 2005; Erstausgabe: 1959)

Oskars erster Satz ist eigentlich eine Bankrotterklärung: Er erklärt sich selbst als unzurechnungsfähig und damit nicht verantwortlich für die Glaubwürdigkeit seiner nachfolgenden Lebensgeschichte, die durchaus pathologisch verfälscht und lügenhaft sein könnte. Der Satz enthält also ein deutliches »Caveat lector!« Oskars Formulierung, zumal das initiale »zugegeben«, drückt paradoxerweise aber auch einen unbändigen Selbstbehauptungswillen aus, der als Kampfansage verstanden werden kann:

> Ich bin zwar im Irrenhaus, aber andererseits geistig voll auf der Höhe.

Josef Ehl, Papenburg

ANTIQUARIAT
Inhaber: Karl Konrad Koreander
»Diese Inschrift stand auf der Glastür eines kleinen Ladens,
aber so sah sie natürlich nur aus, wenn man vom Inneren des dämmerigen
Raumes durch die Scheibe auf die Straße hinausblickte.«
Michael Ende, Die unendliche Geschichte (München: dtv 1993; Erstausgabe: 1979)

Dieser Satz ist für mich der schönste erste Satz, weil auch meine Nase mitliest. Ein Geschäft, dessen Luft erfüllt ist von Geschichten, von Fantasie, von Abenteuern ... Ein dämmriger Raum, den ich betreten darf und hinter dessen gläserner Tür die harte Realität nicht ganz verschwindet, aber im wahrsten Sinne des Wortes »draußen« bleiben muss.
Kein Termin, keine Hetze – nur Eintauchen in die Geschichten, die uns die Autoren schenken, Reisen überallhin – ohne Koffer, große Lieben miterleben! Was kann schöner sein als Lesen?!
Mechthild Dudda, Hilden

Erste Sätze haben eine eigentümliche Magie. Ich kann heute noch von vielen Büchern, die ich gelesen habe, den ersten Satz auswendig.
Robert Menasse
in: Herlinde Koelbl, Hrsg., Im Schreiben zu Haus. Wie Schriftsteller zu Werke gehen
(München: Knesebeck 2007; Erstausgabe: 1998)

»Da sitzt einer über seiner Schreibmaschine, raucht zuviel, bläst Staub von den Tasten, beißt in einen Apfel und denkt an Schiller dabei, starrt auf das leere Papier und dann auf die Uhr, kratzt an dem verklebten kleinen a herum, bis es wieder sauber ist, hat schon wieder eine Zigarette in Brand und nennt das alles Arbeit.«
Hermann Kant, Die Aula (Berlin: Aufbau 2004; Erstausgabe: 1965)

Ja, ja ich weiß, Kant war Mitglied des Zentralkomitees der SED, Vorsitzender des Schriftstellerverbandes der DDR, böser Stalinist. Aber hätten Sie der beste Freund von Heinrich von Kleist sein wollen? Na, also.

Dieser erste Satz ist clever. Er weckt die Erwartung auf das, was da geschrieben werden soll. Er spielt mit der Vorstellung, die der Leser von der Arbeit eines Schriftstellers hat. Durch die Aufzählung profaner Tätigkeiten betont er die Unruhe und Unentschlossenheit des Erzählers. Er verbindet den Erzähler mit dem Leser, dem in der Regel der Horror vor dem weißen Blatt nicht fremd ist.

Mir jedenfalls war er nicht fremd. Ich las diesen Satz und dann den ganzen Roman als Pflichtlektüre in der 12. Klasse der EOS (Erweiterte Oberschule). Wie viele meiner Klassenkameraden las ich ihn gern. Selbstverständlich wird die DDR darin glorifiziert. Aber da waren wir viel Schlimmeres gewohnt. Ich las zum ersten Mal, dass der Aufbau des Sozialismus nicht nur heroisch, sondern auch komisch war, dass man ihn nicht dröge und langweilig, sondern geschwätzig-lässig beschreiben kann. Mehr wollte ich damals eigentlich gar nicht.

Meine Eltern kannten und liebten den Roman ebenfalls. Für sie war das ihre Geschichte. Der Flüchtling aus Bessarabien und die Tochter eines invaliden Reparaturschlossers legten ihr Abitur auf der ABF (Arbeiter- und Bauern-Fakultät) ab und studierten später Veterinärmedizin und Pädagogik. Und obwohl sie niemals Parteimitglieder wurden, waren sie ihrem Staat immer dankbar für diese Chance. Jetzt stirbt ihre Generation aus. Vielleicht liebe ich diesen Satz auch nur aus sentimentalen Gründen, weil er mich immer an meine Eltern erinnern wird.

Norbert Hommel, Dahme

»Die rätselhaften Ereignisse, die uns vergangenen Winter beunruhigt haben, begannen, wenn wir es näher betrachten, nicht, wie man allgemein annimmt, am neunten, sondern aller Wahrscheinlichkeit nach schon am achten November, und zwar mit jenem sonderbaren Geräusch, das der Matrose gehört zu haben behauptet.«

Hans Lebert, Die Wolfshaut (Hamburg: Europaverlag 2001; Erstausgabe: 1960)

Thomas wollte keine Pause machen, er wollte lieber noch die Wand zu Ende verputzen. Natascha und Niko aber hatten keine Lust mehr und Ben auch nicht, also setzten wir uns hin. Draußen begann es zu dämmern, durch die geöffnete Tür konnte man bereits die Mondsichel sehen und die Grillen zirpten unablässig. Es war immer noch unheimlich warm und wir redeten über Veränderung, wir redeten ausdauernd und kamen voran, doch irgendetwas stimmte nicht, ich spürte es und wusste nicht, ob die anderen es auch spürten. Schließlich verebbte das Gespräch und wir saßen schweigend um den Küchentisch.

Nach einer Weile sagte ich: »Wir könnten was vorlesen.« Ben lächelte schief, aus Höflichkeit, wie ich meinte. Niko blickte verächtlich. Natascha schaute mich nicht an. Stattdessen gähnte sie laut. Nur Thomas hielt plötzlich inne. »Und was?« Ich räusperte mich. »Weiß nicht. Hier stehen doch 'n paar Sachen.« Ich ging zum Regal und tat, als ob ich suchte. Dann zog ich »Die Wolfshaut« von Hans Lebert heraus, die ich mitgenommen hatte, um sie Natascha zu schenken. »Kenn' ich nicht.« Thomas nahm wieder den Spatel in die Hand. »Lies doch mal.« Schnell kehrte ich an den Tisch zurück.

Niko und Natascha tauschten Blicke aus. »Aber nur den ersten Satz«, sagte Ben vermittelnd. »Dann sehen wir weiter.« Wieder räusperte ich mich. Den ganzen Tag schon hatte ich einen Frosch im Hals gehabt. Ich las: »Die rätselhaften Ereignisse, die uns vergangenen Winter beunruhigt haben, begannen, wenn wir es näher betrachten, nicht, wie man allgemein annimmt, am neunten, sondern aller Wahrscheinlichkeit nach schon am achten November, und zwar mit jenem sonderbaren Geräusch, das der Matrose gehört zu haben behauptet.« Ich holte Luft und schaute auf. Keiner sagte ein Wort. Natascha sah mich lange an. »Lies weiter«, sagte sie schließlich leise.

Wolf Iro, Berlin

»In M..., einer bedeutenden Stadt im oberen Italien, ließ die verwitwete Marquise von O..., eine Dame von vortrefflichem Ruf, und Mutter von mehreren wohlerzogenen Kindern, durch die Zeitungen bekannt machen: dass sie, ohne ihr Wissen, in andre Umstände gekommen sei, dass der Vater zu dem Kinde, das sie gebären würde, sich melden solle; und dass sie, aus Familienrücksichten, entschlossen wäre, ihn zu heiraten.«

Heinrich von Kleist, Die Marquise von O... (Stuttgart: Reclam 2004; Erstausgabe: 1810)

Skandalös, lächerlich, tragikomisch? Kleists janusköpfiger Eröffnungssatz der »Marquise von O...« konfrontiert den Leser mit einer wahrhaft »unerhörten Begebenheit«, als hätte der Autor ein Muster für Goethes bekannte Novellendefinition schaffen wollen.

Aber nicht deshalb ist dies für mich der schönste erste Satz der deutschen Literatur. Kleist irritiert die Erwartungen des Lesers, wie er das Bewusstsein seiner Heldin bis an den Rand des Zerbrechens irritiert. Drei dass-Sätze, knallhart gesetzt wie das pochende Schicksalsmotiv in Beethovens Fünfter, entlarven die scheinbare Ordnung, stellen die »Dame von vortrefflichem Ruf« bloß. Schlüpfriges, Abgründiges tut sich auf: Die Marquise von O... unwissentlich schwanger, Vater unbekannt, Notheirat als gesellschaftlich und moralisch einzig gangbarer Ausweg – die Katastrophe scheint vorprogrammiert.

Der erste Satz, das Ganze in nuce, entwirft en miniature Kleists Bild von der – wie es an zentraler Stelle dieser Erzählung heißt – »großen, heiligen und unerklärlichen Einrichtung der Welt«.

Robert Kainz, Bad Lauterberg im Harz

»So, also hierher kommen die Leute, um zu leben, ich würde eher meinen, es stürbe sich hier.«

Rainer Maria Rilke, Die Aufzeichnungen des Malte Laurids Brigge (Frankfurt am Main: Insel 2007; Erstausgabe: 1910)

Dieser Anfang hat mich sofort angesprochen. Welcher Autor, welches Buch spricht schon gleich zu Beginn vom Ende, vom Tod?

Gleichzeitig schwingt aber auch Ironie und verhaltener Witz mit. Schließlich muss man bedenken, dass der Held sich in Paris aufhält – der Stadt der Liebe, der Ausgelassenheit. Und doch fällt ihm dazu der Tod ein. Nicht nur Venedig ist zum Sterben schön, auch Paris, und das muss auch mal gesagt werden.

Ilke Vehling, Berlin

»Ich starb 6840 Meter über dem Meeresspiegel am vierten Mai im Jahr des Pferdes.«

Christoph Ransmayr, Der fliegende Berg (Frankfurt am Main: S. Fischer 2006, Erstausgabe)

Ich will eingesaugt werden!

Was soll ein erster Satz?

Gut, irgendwie muss ein Buch ja beginnen ... Doch was kann ein erster Satz, was muss er leisten? Es gibt da ein Gedankenmodell: Ein gutes Buch müsse sich zunächst 100 Seiten lang verweigern, sperrig, störrisch sein, um sich dann für den Leser, der durchgehalten hat, prächtig zu entfalten und ein Lieblingsbuch zu werden. Doch ich bin dafür nicht gemacht. Ein Buch darf mich ruhig schon zu Beginn anspringen! Darf es nicht nur, soll es auch. Da ist der erste Satz natürlich wichtig.

Wie lang sollte er sein? Lang?

»Die Stadt Göttingen, berühmt durch ihre Würste und Universität, gehört dem Könige von Hannover und enthält 999 Feuerstellen, diverse Kirchen, eine Entbindungsanstalt, eine Sternwarte, einen Karzer, eine Bibliothek und einen Ratskeller, wo das Bier sehr gut ist«, womit sehr viel über die Interessen des Autors gesagt ist. Allerdings ist dieser erste Satz nur ein erschummelter, denn Heinrich Heines »Harzreise« fängt eigentlich mit einem Gedicht (»Schwarze Röcke, seidne Strümpfe...«) an.

Kurz?

Einer der berühmtesten ersten Sätze der Weltliteratur besteht aus drei Wörtchen. Das lässt mehr offen, interessiert den (noch fast potenziell zu nennenden) Leser, lässt ihn ein kuscheliges Eckchen suchen, sich ganz auf »eingesaugt werden« einstellen. Genau das möchte ich von einem Buch: eingesaugt werden. Und Herrgott noch mal, dafür muss nun mal ein erster Satz her, der es in sich hat! Es braucht ja nicht gleich »Call me Ishmael« sein.

Ein toller erster Satz auch, und somit mein schönster erster Satz ist: »Ich starb 6840 Meter über dem Meeresspiegel am vierten Mai im Jahr des Pferdes.«

Das ist ein Entree, was? Christoph Ransmayr hat mich mit dieser Eröffnung genau da hingebracht, wo er mich haben will: in der Welt der höchsten Berge, der Mythen, und sein »fliegender Berg« schwebt mit mir davon.

Daniel Henschke, Essen

»Das Sterben war einfach.«

Werner Koch, Jenseits des Sees (Frankfurt am Main: Suhrkamp 1991; Erstausgabe: 1979)

Der Anfangssatz eines des besten (dünnen) Bücher, die ich je gelesen habe. Mein Versuch, es ins Griechische zu übersetzen, ist an diesem ersten Satz gescheitert – ich fand ihn unübersetzbar.

> Im Versuch allerdings, der einen Freund und mich STUNDEN hat brüten, versuchen, vorschlagen, diskutieren, verwerfen, neu ausholen und wieder verwerfen lassen, packte mich ein nie gekanntes Gefühl von verzweifelter Begeisterung (oder begeisterter Verzweiflung?), was in einem scheinbar so einfachen Vier-Wort-Satz steckt – der bereits das ganze Buch enthält. Das merkt man, wenn man am Ende des Buches angekommen ist.
>
> Cornelia Boge, Athen, Griechenland

»Wenn wir uns, wie zwei Versteinte, zum Essen setzen
oder abends an der Wohnungstür zusammentreffen, weil wir beide gleichzeitig
daran denken, sie abzusperren, fühle ich unsere Trauer wie einen Bogen, der
von einem Ende der Welt zum anderen reicht – also von Hanna zu mir –,
und an dem gespannten Bogen einen Pfeil bereitet, der den unbewegten
Himmel ins Herz treffen müßte.«

Ingeborg Bachmann, Alles, in: Sämtliche Erzählungen (München: Piper 2006; Erstausgabe: 1960)

Das ist für mich der schönste erste Satz, weil sich hier zwei so nahe sind, dass für ihre Liebe
kein Spielraum mehr bleibt und sie daran verzweifeln.

Eva Stein, Berlin

»Es war ein schöner Sommerabend, als Florio, ein junger Edelmann, langsam auf die Tore von Lucca zuritt, sich erfreuend an dem feinen Dufte, der über der wunderschönen Landschaft und den Türmen und Dächern der Stadt vor ihm zitterte, sowie an den bunten Zügen zierlicher Damen und Herren, welche sich zu beiden Seiten der Straße unter den hohen Kastanienalleen fröhlich schwärmend ergingen.«

Joseph von Eichendorff, Das Marmorbild, in: Werke (München: Hanser Verlag 2007; Erstausgabe: 1818)

Den schönsten ersten Satz einer Erzählung zu finden, müsste leicht sein, denke ich und packe mir einen Stapel Lieblingsbücher zum Nachlesen auf den Schreibtisch. Schnell werde ich fündig mit inhaltsdichten, stimmungsvollen und frechen ersten Sätzen. Aber sind sie auch schön? Mir kommen Zweifel, ob schön auch wirklich schön im klassischen Sinne heißen soll. Soll der Satz schön nach dem zeitgenössischen Geschmack seiner Entstehung oder nach heutigem Verständnis sein? Und was soll heute als schön gelten? Gerne würde ich mehrere Vorschläge einbringen, aber das verbieten die Regeln. Deshalb wähle ich den ersten Satz aus Joseph von Eichendorffs Erzählung »Das Marmorbild«.

Florio, ein junger Adeliger auf Bildungsreise, reitet auf die Stadt Lucca zu. Gemalte Ansichten dieser und anderer italienischer Städte, die der Vater in Erinnerung an seine eigene Kavalierstour hatte anfertigen lassen, haben Florios Italiensehnsucht schon in Kindestagen geweckt. Die Rokoko-Veduten seines Vaters zeigten noch ausfahrende Kutschen zwischen den Alleen, die aus den Städten führten. Zu Florios Begrüßung aber mischen sich, der neuen Mode folgend, Spaziergänger ins Bild. Der erste Satz des Marmorbildes enthält die Beschreibung eines Bildes, das sowohl Ausgangspunkt als auch Ziel einer Reise ist und malt gerade den Augenblick aus, in dem die Erzählfigur selbst ins Bild tritt.

Ein unvoreingenommener Leser folgt der Handlung mit Florios Augen und erliegt gleichfalls der Faszination der verwirrend ineinander verschlungenen Bilder. Der schon im ersten Bild versteckte Schlüssel zur Erklärung der Zusammenhänge bleibt ihm zunächst verborgen. So entfaltet sich der Zauber der Erzählung schon in ihrem ersten Satz. Ist das nicht schön?

Katharina Weisrock, Nieder-Olm

»Warum hast Du mir das Kleid so lang gemacht, Mutter?«

Frank Wedekind, Frühlingserwachen. Eine Kindertragödie (Stuttgart: Reclam 1995; Erstausgabe: 1891)

Der erste Satz eines Theaterstückes hat sicherlich eine andere Wirkung als der erste Satz eines Romans. Bei Letzterem schlägt man das Buch auf, liest und – gefällt der erste Satz, liest man weiter – gefällt er nicht, klappt man es wieder zu und versucht sein Glück bei einem anderen Buch.

Gefällt einem der erste Satz eines Dramas aber nicht, dann könnte es schon schwierig werden. Man müsste konsequenterweise gleich nach Beginn der Vorstellung aufstehen und gehen. Das wäre aber sehr unhöflich. Anstandshalber muss man mindestens bis zur Pause warten. Bis dahin hat sich das Stück aber vielleicht positiver entwickelt als der erste Satz es suggeriert hat und man bleibt dann schließlich doch bis zum Ende. Schade, wenn man ginge, wäre es auch um das Eintrittsgeld, das man ja vorab entrichten muss und bei Nichtgefallen leider nicht zurückerhält. Kurz: Der erste Satz eines Dramas führt seltener als im Roman zum Abbruch der Lektüre und müsste daher eigentlich auch nicht diese hohe Bedeutung haben wie im Roman.

Nicht so bei Wedekind. Bei ihm wirkt der erste Satz quasi romanesk – gemeint ist »spannend«. Die Länge des Rockes, die hier von der Tochter moniert wird, ist Sinnbild für den Grad des Protestes der pubertierenden Jugend. Warum ist das so interessant für uns Leser, Hörer, Zuschauer? Weil wir alle genau diese Phase des Protestes kennen. Entweder habe ich sie schon selbst erlebt oder erlebe sie gerade (wenn der Leser ein Teenager ist), oder wir sind inzwischen die »Mutter« und wissen von Rock- oder Haar- oder sonstigen Längen ein Lied zu singen. In jedem Fall sind wir »betroffen«. Und was ist interessanter und SCHÖNER als etwas, was mich betrifft? Eigentlich nichts.

Katharina von Ruckteschell, München

»Das kleine Mädchen, von den Großen Meta genannt, sitzt auf dem Grund des alten Regenfasses und schaut in den Himmel.«

Marlen Haushofer, Himmel, der nirgendwo endet (Berlin: List Taschenbücher bei Ullstein 2005; Erstausgabe: 1966)

Es ist ein starkes Bild, das sich in meinem Kopf gebildet hat, als ich die Zeilen zum ersten Mal las. Da sitzt ein kleines Kind in einem dunklen Gefängnis und schaut nach oben in den Himmel. Ich hatte das Gefühl, selbst neben dem Mädchen zu sitzen. Warum, wollte ich fragen, sitzt du hier? Sie sollte mich anschauen und mir ihre Geschichte erzählen.
Rosmarie Thomas, Leipzig

»Einmal ging Kasperls Großmutter mit dem Wäschekorb in den Garten, um hinter dem Haus ein paar Hemden und Handtücher auf die Leine zu hängen.«

Otfried Preußler, Hotzenplotz 3 (Stuttgart: Thienemann 2005; Erstausgabe: 1973)

Weil da die Natur drin vorkommt (Garten).
Ludwig Dreher, Pirna, 7 Jahre

Vor- und Nachname: _Alea Metschkall_   Klasse: _2 b_

Mein Lieblings-Erster-Satz:

Buchtitel: _Der kleine Muck_
Autor: _Wilhelm Hauff_

Im fernen Morgenland lebt der kleine. Muck.

Mir gefeld diser Satz
so gut weil der Satz
aus meinem Buch ist
und mir dises Buch sehr
gut gefeld.

»Endlich schreitet die Einführung der runden Sicherheitswellen für Holzhobelmaschinen in günstiger Weise fort.«

Franz Kafka, Unfallverhütungsmaßregel bei Holzhobelmaschinen (Wien: Jahresbericht der Arbeiter-Unfall-Versicherungs-Anstalt für das Königreich Böhmen (AUVA) 1910, Erstausgabe)

Kafkas Lob für Erfinderin Helena

Unfallverhütungsvorschriften wurden mit Blut geschrieben; auch mit dem Blut von Bohumil Volesky. Bohumil war Tischlermeister in Prag. Er begann mit dem Bau seines Meisterstücks im März des Jahres 1903. Da hatte er noch zehn Finger. Als die zierlichen Möbel aus Birke mit Wurzelholzfurnier im Mai desselben Jahres fertig wurden, hatte er an der rechten Hand nur noch einen vollständigen Finger. Die übrigen hatte er sich an der Hobelmaschine in unterschiedlichen Längen abgeschnitten. Mit seinen nun 27 Jahren endlich Meister, war seine berufliche Existenz schlagartig gefährdet und an Heirat nicht mehr zu denken. Zu jener Zeit war Bohumil nämlich verlobt, mit Helena. Helena stammte aus so genanntem guten Hause; war die Tochter eines Maschinenfabrikanten. Sie wäre gerne Ingenieurin geworden wie ihr Vater. Da der aber von solchen Flausen nichts hielt, wurde nichts daraus.

Helena war tief betrübt über den Unfall ihres Verlobten, hielt die Sache vor ihren Eltern geheim. Nachdem sie sich von dem ersten Schrecken erholt hatte, ließ sie sich die Unglücksmaschine zeigen. Bohumil lag im Spital, und Helena machte sich an der Hobelmaschine zu schaffen. Sie setzte diese in Gang, hobelte selbst einige Bretter ab, stellte sie aus, baute die Vierkantwelle aus und zeichnete auf Millimeterpapier im Maßstab 1:2 eine runde Welle. Ein Dreher, Arbeiter aus der Maschinenfabrik ihres Vaters, fertigte sie heimlich an. Sie probierten sie aus und es funktionierte. »Die Messer dieser Welle liegen vollkommen geschützt eingebettet zwischen der Klappe (Welle der Firma Volesky) und dem massiven Körper der Welle ...«, sollte Dr. Franz Kafka 1910 in dem Bericht der Arbeiter-Unfall-Versicherungs-Anstalt für das Königreich Böhmen schreiben. Und weiter schrieb er in diesem Bericht: »Die runde Sicherheitswelle ist im Grunde billiger als die Vierkantwelle, ... arbeitet billiger als die Vierkantwelle, ... arbeitet auch besser.« Da war die nun patentierte »runde Sicherheitswelle« Helenas schon längst ein Exportschlager.

So wurde zu dieser Zeit in Südwestdeutschland keine einfache Abrichthobelmaschine mit Vierkantwelle mehr verwendet, wie Dr. Kafka weiter ausführte. Es gab nun Unfall-verhütungsmaßregeln der Arbeiter-Unfall-Versicherungs-Anstalten und Holzberufs-genossenschaften, die die »runde Sicherheitswelle« forderten. Die »Unfallverhütungs-maßregel bei Holzhobelmaschinen«, die Dr. Franz Kafka, reich mit Zeichnungen versehen, formuliert hatte, führte auch zu einer weiteren Verbreitung der runden Sicherheitswelle in Böhmen. Bohumil und Helena waren zu dieser Zeit längst verheiratet. Die geschäftliche

Existenz ihrer Firma war gesichert. Das Meisterstück Bohumils Voleskys steht heute in meiner Stube, denn Bohumil und Helena waren meine Urgroßeltern.

Nachtrag: Helena Volesky ist 1975 im Alter von 94 Jahren gestorben. Sie hat mir in ihren letzten Lebensjahren immer wieder diese Geschichte erzählt und vergaß nie zu erwähnen, dass Dr. Franz Kafka ihre Erfindung schriftlich gelobt hatte. Nach ihrem Tod, als ich erwachsen wurde, suchte ich nach diesem Lob. Nun habe ich es gefunden. Es war schon im schönen ersten Satz Kafkas Berichtes zu finden. Urgroßmutter hatte recht.

Gesa Schmidt, Sicherheitsingenieurin in einer Möbelfabrik, Töging

Mit dem ersten Satz wird der Stein ins Rollen gebracht. Der erste Satz ist Versprechen, Duftmarke, Rätsel, Schlaglicht – kurz: der Brühwürfel, mit dem die ganze folgende Suppe gekocht wird.

Thomas Brussig, Schriftsteller, Berlin

107

»Manchmal, an diesen Nachmittagen, wenn sie ganz ruhig dalagen, und die Sonne stand schon tief, und sie schwiegen, ein wenig benommen noch, ungeübt in den Leidenschaften und erschöpft, manchmal habe ich sie dann richtig gemocht, ich habe den Flaum auf ihren Armen betrachtet und die Gerinnsel aus Wimperntusche auf ihren Wangen, viele haben danach geweint, wissen Sie, ich werde das nie verstehen, warum tun sie das, die Frauen, warum weinen sie danach, ich habe es nie getan, und ich habe nie gehört, daß irgendein anderer Mann es getän hätte, sie stöhnen und schreien und dann, wenn sie sich nicht mehr rühren, dann füllen sich ihre Augen mit Tränen, langsam, sanft, wie eine Wolke anschwillt, es dauert, bis der erste Tropfen sich löst und einen Weg sucht für die anderen, es ist ganz lautlos, dieses Weinen, als handele es sich um einen einfachen Stoffwechselvorgang, eine unbewußte Absonderung von Flüssigkeit, sie liegen da und sehen mich an, durch das Milchglas ihrer Tränen, da ist keine Spur von Leichtsinn mehr, kein Übermut, nur noch dieses erdenschwere Weinen, und ich brachte ihnen Likör ans Bett und Pralinen, oder ich steckte mir eine Rose hinters Ohr und küßte ihnen die großen Zehen, bis sie lächelten, und dieses Lächeln, ich schwöre es, dieses Lächeln war schön, weil es so traurig war und weil sie wußten, daß das alles nur geliehen war, ein Geschenk auf Zeit, oder nicht mal ein Geschenk, sie wußten, daß sie Schulden machten beim Glück und daß sie ihr Leben lang diese Schulden abbezahlen würden, ihr kurzes Leben lang, das ihnen noch blieb, ihr Leben lang, das ich ihnen noch ließ, und dafür liebten sie mich, daß ich sie erlöste, und ich mochte sie dafür, daß sie es wußten und blieben, bis zum Schluß, während die Tränen auf das Kopfkissen sickerten.«

Christine Eichel, Schwindel (Köln: Kiepenheuer & Witsch 2000, Erstausgabe)

Nie habe ich den Moment nach dem »kleinen Tod« schöner beschrieben gefunden. Beim Lesen dieses Satzes halte ich unwillkürlich buchstäblich die Luft an, weil die so lang ersehnte und doch so teuer zu bezahlende »Befriedigung« (fast) gegenwärtig ist. Man fühlt es – beschreiben kann man es nicht! Nicht so wie Frau Eichel.

Alles, der ganze Roman, steht für mich in diesem Satz. Ein Mann, der die Frauen versteht und sie dennoch tötet. Doch er schenkt ihnen das vollkommene Glück, einzigartig zu sein, geliebt zu werden. Wenn ein Mann wissen möchte, was die Frauen von der Liebe erwarten, dann weg mit all den Ratgebern und her mit diesem Buch. Natürlich ist der Preis, den die Frauen für diese Liebe bezahlen, zu hoch: ihr Leben. Ach, Frau Eichel, warum so hart? Und dennoch: Danke, für diesen Mörder!

Heidelinde Stoermer, Wittichenau

Der schönste erste Satz
Lars Reichow

Der allererste Satz – mein Gott, ich möchte nicht mit ihm tauschen. Vom Autor verflucht. Vom Verleger gefürchtet. Vom Leser geliebt! Oder umgekehrt und andersherum. Die Bedeutung des ersten Satzes wird überschätzt. Wer wirklich wissen will, wie es ausgeht, der muss sich an den letzten Satz wenden.

Der erste Satz steht unter Druck. Das Buch ist noch jung, die Leser voller Erwartungen. Oft steht er da, blinzelt ins Lampenlicht, dem Leser entgegen, der mit frischen Augen ihn forschend aufnimmt. Nur wer Kette liest, also ein Buch nach dem anderen, für den wird der erste Satz einer unter vielen sein. Der Satz, er weiß von seiner Bedeutung für das Ganze, für das Unternehmen. Man hat ihm zu verstehen gegeben, dass er gut sein muss. Dass von ihm eine Menge abhängt.

Und dann ist es so weit. Er wird gelesen. Gefressen. Er schlägt sich tapfer.
Er kommt spektakulär daher. Er spielt den Rätselhaften. Er weiß schon, wie alles kommt. Er tut so als ob. Er wirft sich in Pose. Er zwinkert. Er lockt. Pfeift. Stöhnt. Schießt in die Luft! Der erste Satz ist die erhobene Hand des Autors. »Werte Leserinnen und Leser, dürfte ich um Ihre Aufmerksamkeit bitten für mein Fantasieprodukt?« Er kann berühmt werden, der erste Satz. Der Kopfsatz. Der berühmte Anfang. Der längste Satz, der komplizierteste, der kürzeste, der spannendste Satz in der Literaturgeschichte. Die ersten können die schönsten sein!

Die zweiten Sätze haben es schwerer. Sie entwickeln sich umständlicher. Stehen doch meist im Schatten des ersten. Sie müssen akzeptieren, dass sie nur Zubringer sind zum dritten. Der dritte stützt sich auf den vierten. Der fünfte ist schon Routine. Ab dem sechsten nimmt das Auge an Fahrt auf und schon mit dem zwölften werden die Satzzeichen eingefahren. Blitzschnell und unaufgeregt transportieren die Augen das Erlesene ins Gehirn. Dort beginnt man mit den ersten Skizzen, es wird eine Art Handlung sichtbar, man fährt die Leinwand der Fantasie aus, mischt Farbe bei. Das Gefühl ergreift Partei für die ein oder andere Figur. Mit hoher Geschwindigkeit rast der Leser durch das Buch. Angetrieben von einer geheimnisvollen Spannung. Auf jeder Seite legt er sich in die Kurve, um zu blättern. In Serpentinen fährt das Augenpaar immer wieder zwischen dem Karton auf und ab. Von links oben bis rechts unten.

Der erste Satz hat seine Schuldigkeit getan. Er zieht hinein in die Handlung. Der Ärmste. Auf ihm lastet die Verantwortung von mehreren Hundert Seiten. Um ihn zu entlasten, hat der Autor auch noch den Rest des Buches geschrieben.

Den ersten Satz, den kann man sich wenigstens noch ungestört durchlesen. Das Telefon klingelt erst beim zweiten oder später. Und wer den ersten nicht schafft, der gehört sowieso vor den Fernseher. Der soll sein Glück in der Vorabendserie suchen. Nein, das hat der erste Satz nicht nötig. – Er ist schließlich nicht irgendwer! Er ist der König der Sätze! Der Satz schlechthin. Wehe, das wird nicht erkannt und gewürdigt! »Wissen Sie eigentlich, wen Sie hier lesen? Ich gehöre zu den sieben einflussreichsten Sätzen der Welt!« oder »Ich bin der schönste erste Satz in der deutschsprachigen Literatur! Schauen Sie sich ruhig an, wie ich gebaut bin!« oder »Ich bin in 24 Sprachen übersetzt worden. Jetzt werde ich Ihrer Lektüre auch noch standhalten!« Und es ist wie bei einem Mädchen, dem man schon zu oft gesagt hat, wie hübsch es ist. Ein bisschen eitel wird er dann, der erste Satz. Ein bisschen selbstverliebt.

Und kaum ist der »schönste erste Satz« gefunden, da möchte man eigentlich schon einen neuen Wettbewerb ins Leben rufen: »Die schönste Begründung für den schönsten ersten Satz«. Und man möchte weitermachen mit den »schönsten Anfangsseiten mit den spannendsten Sätzen, geschrieben von den besten und natürlich attraktivsten Autoren auf den elegantesten Schreibtischen mit den breitesten Füllfederhaltern! Das wär's.

Und wenn dann noch ein berühmter Kritiker käme und die Edition adelt mit einer goldenen Geschenkschleife, auf der der Schriftzug »Meine liebsten Groß- und Kleinbuchstaben« prangt. Dann wäre vielleicht der Punkt erreicht, an dem man das Auge entlastet und mal wieder eine gute Radiosendung hört.

»Ich bin nicht Stiller!«

Max Frisch, Stiller (Frankfurt am Main: Suhrkamp 2005; Erstausgabe: 1954)

»Ich bin nicht Stiller!« Es handelt sich hier vermutlich um eines der mit der größten Absicht gesetzten Ausrufezeichen des zwanzigsten Jahrhunderts. Man lasse sich die beiden Varianten des Satzes einige Male durch den Mund gehen, sofort wird man den enormen qualitativen Unterschied bemerken. Das eine ist eine Aussage. Das andere ist ein Schrei. Zweitens: Das Buch beginnt mit diesem Satz. Der Ich-Erzähler scheint ein so großes Bedürfnis zu haben, sich von diesem Stiller zu distanzieren, dass er es dem Leser ohne jede Erklärung und, nebenbei bemerkt, bar jeder Höflichkeit und jedes Anstandes ins Gesicht brüllt: »Ich bin nicht Stiller!« Sprach's und schwieg.

Ein Gedankenstrich folgt dem Ausrufezeichen, klingt wie das Luftholen nach dem Schrei und lässt keinen Raum für Antworten auf all die Fragen, die sich im Kopf des Lesers formen: Warum bloß ist es dem Ich-Erzähler so wichtig, das zu sagen, ach was, zu brüllen? Wenn der Ich-Erzähler nicht Stiller ist, wer ist er dann? Und wer ist eigentlich Stiller? Und schwupps – bevor er sich dessen auch nur bewusst werden kann, ist der Leser schon eingefangen inmitten des Romans und der Problematik, die er behandelt: der größten aller Fragen, der Frage nach der eigenen Identität.

»Ich bin nicht Stiller!« – und bin ich überhaupt Baier, Weber, Möller? Vielleicht ist dieser Satz nicht der schönste erste Satz, einfach weil er im Grunde gar kein schöner Satz ist. Aber er ist der dichteste, der existenziellste, der bedrückendste, persönlichste, bedrohlichste, zornigste, quälendste, der verzweifeltste, der aussichtsloseste und der wahrste.

Teresa Krieger, Petersberg

»Der liebe Vaterlandsboden giebt mir wieder Freude und Leid.«

Friedrich Hölderlin, Hyperion oder der Eremit in Griechenland (München: dtv 2005;
Erstausgabe: 1797)

Das ist wohl der »deutscheste« aller ersten Sätze.

Werner Jost, Gnadental

»›Du traust dich ja doch nicht! Du Angsthase!‹, rief Olaf, ihr Anführer.«

Max von der Grün, Vorstadtkrokodile (München: Bertelsmann 2006; Erstausgabe: 1976)

Ich will wissen, wer sich nicht traut. Ich will wissen, was er sich nicht traut. Und ich will wissen, warum er sich nicht traut.

Mir hat an dem Buch gefallen, dass alle in einer Gruppe waren und sie haben alles gemeinsam gemacht.

Hager Abdulmajid, Solingen, 6. Klasse

»Slibulsky und ich klemmten im leergeräumten Geschirrschrank eines kleinen brasilianischen Restaurants am Rand des Frankfurter Bahnhofsviertels und warteten auf Schutzgeldeintreiber.«

Jakob Arjouni, Kismet. Ein Kayankaya-Roman (München: Süddeutsche Zeitung Verlag 2006; Erstausgabe: 2001)

Bei diesem Schmöker ist es mir tatsächlich so ergangen. Der erste Satz gefiel mir und ich las weiter. Der Autor war mir bis dahin unbekannt. Der Anfang (der Rest übrigens auch) ist genial. Slibulsky, netter Name. Frankfurter Bahnhofsviertel, einladende Gegend. Schutzgeldeintreiber, angenehme Profession. Und warum warteten sie in einem Schrank?

Perfekter Anfang für einen durchgehend spannenden Krimi bis zum finalen Showdown auf der Kroaten-Party. Der Privatdetektiv Kayankaya hat mir zum ersten Mal den hessischen Dialekt positiv vermitteln können. Organisierte Kriminalität mit Handkäs und Äppelwoi. Jakob Arjouni, ich bin ein Fan von dir dank deines ersten Satzes.

Mario Mosler, Köln

»Was ich zu berichten beabsichtige, ist mir vor reichlich einem halben Jahrhundert im Hause meiner Urgroßmutter, der alten Frau Senator Feddersen, kundgeworden, während ich, an ihrem Lehnstuhl sitzend, mich mit dem Lesen eines in blaue Pappe eingebundenen Zeitschriftenheftes beschäftigte; ich vermag nicht mehr zu entsinnen, ob von den ›Leipziger‹ oder von ›Pappes Hamburger Lesefrüchten‹.«

Theodor Storm, Der Schimmelreiter, in: Meistererzählungen (Zürich: Manesse 1987; Erstausgabe: 1888)

Storm eröffnet seine Novelle fast mit einem Vorwort, noch bevor die eigentliche Rahmenhandlung beginnt. Und dieser erste Satz ist eigentlich absolut langweilig – wen interessiert schon der Name der Urgroßmutter Storms oder die Namen alter Zeitschriften. Aber alles zusammen schafft eine eigenartige Atmosphäre, eine Faszination.

Man fühlt sich selbst als Leser der Hefte und man bekommt im ersten Satz ein Gefühl der Spannung auf das, was Storm da vor reichlich einem halben Jahrhundert gelesen hat, und diese Spannung hält bis zum Ende der Novelle – zumindest bei mir.

Lutz Kreilos, Bochum

»An einem schönen Sommertag, als draußen im Wald die Sonne
schien, saßen die Wawuschels in ihrem Berg und horchten.«

Irina Korschunow, Das große Wawuschelbuch (München: dtv 2007; Erstausgabe: 2000)

»WAWUSCHELS« – das klingt so schön und kitzelt im Mund beim Aussprechen und gefiel
mir gut. Wer mochte das wohl sein? Was das wohl für Wesen waren und worauf sie
horchten? Es musste irgendwas Besonderes sein, sonst wäre das nicht so geschrieben
worden. Und auf was kann man da IN einem Berg horchen?
Mir gefiel dieser erste Satz so gut, dass ich natürlich das Buch weiterlas, und das nicht nur
einmal – und das Wort »Wawuschel« durfte ich noch Hunderte von Malen lesen und mir
den Mund kitzeln lassen.

Johann Engelhardt, Edingen-Neckarhausen, 8 Jahre

»Der Schuhmachermeister Julius Kraus in Auffing wurde bis zum Ende seines langen Lebens fast immer übersehen.«

Oskar Maria Graf, Unruhe um einen Friedfertigen (Berlin: List Taschenbücher bei Ullstein 2004; Erstausgabe: 1947)

Es ist ein beiläufiger Satz, der die Schlüsselfigur des Romans und den Handlungsort einführt und einen Ausblick auf das schreckliche Ende gibt. Julius Kraus ist ein Zuzügler in diesem bayerischen Dorf, und was er zu verbergen hat und wovor er geflüchtet ist, beginnt ihn einzuholen. Seine Geschichte wird schließlich zu einem Epochenpanorama des ersten Drittels des 20. Jahrhunderts, bleibt aber in der bayerischen Dorfwelt von Auffing und zeichnet detailliert, wie sich dort langsam nationalsozialistisches Gedankengut ausbreitet.

Vom Schluss aus gesehen, wirkt der erste Satz wie eine maßlose Untertreibung, da das Leben von Kraus geradezu aufgesogen wird von der Wucht der historischen Ereignisse. Aber genau das verhilft dem Roman zu seiner Qualität, dass er sehr beiläufig beginnt, aber die kleinen, privaten Details sich mit der großen Geschichte verbinden und mehr Spannung erzeugen. Und schließlich endet der Roman so beiläufig, wie er begonnen hat.

Gabriele Lotz, München

»Indem ich die Feder ergreife, um in völliger Muße und Zurückgezogenheit – gesund übrigens, wenn auch müde, sehr müde (so daß ich wohl nur in kleinen Etappen und unter häufigem Ausruhen werde vorwärtsschreiten können), indem ich mich also anschicke, meine Geständnisse in der sauberen und gefälligen Handschrift, die mir eigen ist, dem geduldigen Papier anzuvertrauen, beschleicht mich das flüchtige Bedenken, ob ich diesem geistigen Unternehmen nach Vorbildung und Schule denn auch gewachsen bin.«

Thomas Mann, Bekenntnisse des Hochstaplers Felix Krull (Frankfurt am Main: S. Fischer 2006; Erstausgabe: 1954)

Dieser erste Satz enthält in seiner umständlich altmodischen Art aufs Unterhaltsamste alle Hinweise auf den Hochstapler und sein Tun, sein eitles Gebaren und seine hochgestochenen Anstrengungen, seine selbstverliebten Geständnisse und seine umfassende Müdigkeit – ein schöner Kontrast zum Schlusssatz, der mit einem königlich wogenden Busen aufwartet.

Helge Weinrebe, Mittelbiberach

»Als Eddie Dickens elf Jahre alt war, bekamen seine beiden Eltern
so eine abscheuliche Krankheit, von der sie gelb und an den Rändern
etwas wellig wurden und nach alten Wärmflaschen rochen.«
Philip Ardagh, Schlimmes Ende (München: Omnibus 2003; Erstausgabe: 2000)

Philip Ardagh schafft es gleich mit dem ersten Satz, seine Leser mitten in die Geschichte
hineinzukatapultieren. Was dann folgt, ist kein einfacher, aber ein wahrhaft »schräger«
Roman.
Ursula von der Leyen, Bundesministerin für Familie, Senioren, Frauen und Jugend, Berlin

»Alle sagen dauernd was.«

Max Goldt, Milch und Ohrfeigen, in: Ä (Reinbek bei Hamburg: Rowohlt 2002;
Erstausgabe: 1997)

Der erfolgreiche Handballtrainer Heiner Brand sagte: »Die anderen waren einfach stabiler,
und daraus wollte ich Konsequenzen ziehen bzw. Veränderungen für die Zukunft einleiten.«
Elke Heidenreich sagte: »Irgendein Ziel muss man haben und ansteuern – der Sinn des
Lebens kann nicht sein, am Ende die Wohnung aufgeräumt zu hinterlassen.«
Max Goldt sagte: »Überhaupt ist festzustellen, dass die große, damenhafte Ohrfeige
allmählich ausstirbt.«
Ich sage: »Mein schönster erster Satz ist: ›Alle sagen dauernd was.‹«
Daher will ich nur schreiben, wie herrlich dieser Satz ist.
Jens Emmerich, Höchst

»Wir sind die Generation ohne Bindung und ohne Tiefe.«

Wolfgang Borchert, Generation ohne Abschied, in: Draußen vor der Tür (Reinbek bei Hamburg: Rowohlt 2006; Erstausgabe: 1949)

Dieser Satz ist wie eine Verheißung und zugleich aber auch wie ein Fazit über ein verlorenes Leben. Und an dieser Stelle haben wir ja alle, die meiner Generation angehören, 1945 einmal gestanden und haben versucht, in der Literatur auch die Silhouette eines neuen Deutschland zu erkennen. Und Wolfgang Borchert hat viel dazu beigetragen, dass man es sehen konnte, das neue Deutschland.

Elmar Faber, Verleger, Leipzig

»Rattatá Rattatá Rattatá.«

Arno Schmidt, Seelandschaft mit Pocahontas (Frankfurt am Main: Suhrkamp 2003; Erstausgabe: 1966)

Kürzer geht's kaum. Ein fantasievoller Anfang für Leser mit Fantasie. Arno Schmidt hat die Konvention auf den Müll geworfen. »Rattatá Rattatá Rattatá« beginnt »Seelandschaft mit Pocahontas« statt der tausendfachen literarischen Eingangssätze nach dem Muster: Es war an einem nebelverhangenen Morgen in einem kleinen Ort an der Saar, als Joachim im Zug nach Münster ...

Klar, jemand sitzt im Zug. Der erste Satz sagt es deutlich genug. Genauer: Wir wissen noch nicht, wer hier im Abteil die Mädchen mit den schwarzen Kreisen statt der Augen beguckt, die im zweiten Satz auftauchen, aber wir sind neugierig, ihn im Text kennenzulernen. Denn dieser Icherzähler hat einen besonderen Blick auf das Alltägliche und Banale. Die Mädchen, die ihm gegenübersitzen, haben mondäne Eulengesichter mit feuerrotem Querschlitz drin. Und so wird im zweiten Satz, den wir hier wegen der Kürze des ersten mit betrachten dürfen, schon das Thema angeschlagen: lustvoller Blick auf Frauen, der zu einer zufälligen kurzen Liaison mit einer farblosen Urlauberin (mit Eulengesicht) führt, die durch die Fantasie des Erzählers zur Indianerprinzessin mutiert. Fazit: Alles erscheint in unserer Imagination.

Mit Wörtern können wir die banale Wirklichkeit verklären. Ein »Rattatá Rattatá Rattatá« setzt einen ganzen Erinnerungsapparat voller impressionistischer Sinneseindrücke und Vorstellungen in Gang.

Lilo U. Heimann, Berlin

»Vor dem von Doppelsäulchen getragenen Rundbogen des Klostereinganges von Mariabronn, dicht am Wege, stand ein Kastanienbaum, ein vereinzelter Sohn des Südens, von einem Rompilger vor Zeiten mitgebracht, eine Edelkastanie mit starkem Stamm; zärtlich hing ihre runde Krone über den Weg, atmete breitbrüstig im Winde, ließ im Frühling, wenn alles ringsum schon grün war und selbst die Klosternußbäume schon ihr rötliches Junglaub trugen, noch lange auf ihre Blätter warten, trieb dann um die Zeit der kürzesten Nächte aus den Blattbüscheln die matten, weißgrünen Strahlen ihrer fremdartigen Blüten empor, die so mahnend und beklemmend herbkräftig rochen, und ließ im Oktober, wenn Obst und Wein schon geerntet war, aus der gilbenden Krone im Herbstwind die stacheligen Früchte fallen, die nicht in jedem Jahr reif wurden, um welche die Klosterbuben sich balgten und die der aus dem Welschland stammende Subprior Gregor in seiner Stube im Kaminfeuer briet.«

Hermann Hesse, Narziß und Goldmund (Frankfurt am Main: Suhrkamp 2007; Erstausgabe: 1930)

Ein schöneres, zärtlicheres Bild von einem Kastanienbaum kann man mit Worten nicht zeichnen. Ich fühle mich wohl unter diesem Baum, möchte im Sommer in seinem Schatten sitzen, im Herbst seine Früchte sammeln, mich im Frühling an seinem frischen Grün erfreuen und im Winter seine kräftige Statur bewundern.
Er steht für das, was bleibt, was vertraut ist.
Monika Reisner, Embsen

»Kennt ihr eigentlich Seebühl?«

Erich Kästner, Das doppelte Lottchen (Hamburg: Dressler 2007; Erstausgabe: 1949)

Ich fühlte mich direkt angesprochen, so als säße ich dem Autor gegenüber, als kennten wir uns und seien per du. Dass er mehrere Leser ansprach, störte mich nicht, da konnte ich mir gleich eine kleine Gruppe von Freunden dazudenken (die ich damals gar nicht hatte – umso angenehmer die Vorstellung).

Zudem erinnert mich der Anfangssatz an die schönsten Ferien meiner Kindheit: Nahezu ausschließlich mit Bücherschmökern verbrachte Sommerferien! Wobei das Lesevergnügen dadurch erhöht wurde, dass ich im Garten meiner Großmutter unter einem der Birnbäume im Schatten in einem riesig hohen Heuhaufen liegen und eine Birne nach der anderen verspeisen durfte (die wunderbar schmeckten und den vornehmen Namen Kaiserkronen trugen!).

Magdalene Hanke-Basfeld, Hamburg

»Am Anfang schuf Gott Himmel und Erde.«

Die Bibel (Lutherbibel), 1. Buch Mose Kap. 1,1. (Stuttgart: Deutsche Bibelgesellschaft 1984; Erstausgabe: 1545)

Wenn man den schönsten ersten Satz sucht, kann man in unserem Kulturkreis nur auf die Bibel kommen! Alle Hoffnung, Sehnsüchte, Vertrauen und Zuversicht sprechen aus diesem Satz. Die Welt besteht nicht nur aus dem, was wir sehen, sondern »etwas« – »Gott« – ist da und hat erst mal Raum für uns Menschen geschaffen! Nicht nur materielle Güter bestimmen uns, sondern das geistige Prinzip wohnt in uns. Nicht nur die Mühsal des diesseitigen Lebens packt uns, sondern die Weite des Himmels wartet auf uns.

Die Vielfalt der Natur und der Kulturen sind gewollt und nicht etwas, das wir als Menschen homogenisieren, McDonaldisieren – auf Deutsch: vereinheitlichen – sollten und wollen. Die große Hoffnung, dass wir ein Teil eines Ganzen sind und noch mehr da ist, was wir nicht sehen, erfüllt uns mit Freude, Hoffnung, aber auch mit Furcht und Misstrauen.

»Hoffnung und Furcht sind untrennbar«, schrieb einst der französische Schriftsteller François de la Rochefoucauld. Und das treibt uns Menschen seit Jahrtausenden an: Die Furcht, etwas nicht zu schaffen oder enttäuscht zu werden, und die Hoffnung, mit unseren Händen und Ideen die Erde, die Menschheit weiterzubringen.

Und dann bleibt immer noch die Hoffnung auf den Himmel …

Monika Griefahn MdB, Mitglied im Ausschuss für Kultur und Medien, Berlin

»Am Anfang schuf Gott Himmel und Erde, die ganze Welt.«

Die Bibel (Die Gute Nachricht: Die Bibel in heutigem Deutsch) (Stuttgart: Deutsche Bibelgesellschaft 1982, Erstausgabe)

Der verheißungsvollste Satz, den ich kenne!

Mathis Doris, Uitikon, Schweiz

»Im Anfang war das Wort, und das Wort war bei Gott, und Gott war das Wort.«

Luthers Übersetzung ins Deutsche, Das Evangelium des Johannes 1,1 (Stuttgart: Deutsche Bibelgesellschaft 1984; Erstausgabe: 1545)

Ja, ich weiß, Sie werden wahrscheinlich erst mal die Stirn runzeln oder gar schon entschieden haben: »Bibel fällt raus.« Aber ist sie nicht ein Klassiker? Nun, »Im« bzw. »Am Anfang war das Wort« kann ich natürlich vor dem Hintergrund des Glaubens entfalten in seinem Bezug auf Jesus Christus. Aber bleiben wir mal auf der Ebene »Literatur«. Hier stellt sich mir sofort die Frage – und damit ist meine Neugierde geweckt, welches denn?

Welches Wort ist so bedeutend, dass es am Anfang von etwas steht? Und was entwickelt sich dann? Ist es das erste »Hallo« einer wunderbaren Liebesgeschichte? Ist es »Hass«, und der Psychopath entfaltet auf den folgenden 200 Seiten seine Sicht und Gründe der Morde, die er begangen hat? Ist es »Mist« und amüsiert mich in lockerer Weise mit einer Reihe von Männern, die der Protagonistin über den Weg laufen? Wird mir jetzt eine Familienchronik vorgesetzt? Besser kann man die Neugierde doch nicht wecken!

Sibylle Brandl, Mainz

Der Wettbewerb **»Der schönste erste Satz«** wurde veranstaltet von

www.initiative-deutsche-sprache.de

www.stiftunglesen.de

Träger

Partner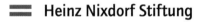

Für die freundliche Unterstützung des Wettbewerbs »Der schönste erste Satz« bedanken sich die Initiative Deutsche Sprache und die Stiftung Lesen bei ihren Projektpartnern und allen Unterstützern.

Projektpartner

Bildnachweis

3. 2. 1.   Die letzten Ziffern
2012 11 10 09 08   bezeichnen Zahl und Jahr des Druckes.
Alle Drucke dieser Auflage können, da unverändert,
nebeneinander benutzt werden.
1. Auflage
© 2008 Hueber Verlag, 85737 Ismaning, Deutschland
Verlagsredaktion: Susanne Schindler; Hans Hillreiner, Hueber Verlag, Ismaning
Redaktion und Texte: Initiative Deutsche Sprache, Berlin: Gabriele Stiller-Kern, Jan Strathmann,
Julia Malitte, Stephanie Rugel, Alexandra Thoma, Niko Wieland, Philipp Wolozenko
Korrektorat: Christian Stang, Regensburg
Gestaltung: Marina Dafova, Berlin; Hueber Verlag, Ismaning
Bildredaktion: Ilja C. Hendel, Oslo
Herstellung: Mazzetti & Mazzetti GmbH, München
Reproduktion: Niemann & Steggemann GmbH, Oldenburg
Druck und Bindung: aprinta druck GmbH & Co. KG, Wemding
Printed in Germany
ISBN 978–3–19–307891–9

Lust auf mehr?

Ein schönes Wort malt Bilder, weckt Erinnerungen, formt Gedanken, beinhaltet Wissen und Erfahrung – oder klingt einfach schön! Dieser Band enthält eine Auswahl der schönsten Liebeserklärungen an die deutsche Sprache – zusammengestellt aus den Einsendungen zum internationalen Wettbewerb »Das schönste deutsche Wort« des Deutschen Sprachrats. Ein Genuss für alle Liebhaber der deutschen Sprache und alle, die Freude an originellen und überraschenden Texten haben.

Schweden entwickeln *Fingerspitzengefühl*, Russen geraten in *Zeitnot* und Nigerianer fragen *Is das so*? Deutsche Wörter finden sich in fast allen Sprachen der Welt wieder und Sie werden erstaunt sein, wo überall »Deutsch gesprochen« wird. Aus über 6.000 Wortnennungen zum Wettbewerb »Ausgewanderte Wörter« wurden die interessantesten Beiträge ausgewählt. Humorvoll illustriert und in Leinen gebunden gibt der Band einen interessanten Überblick.

Das schönste deutsche Wort

4-farbige Illustrationen
Leinen, gebunden mit Folienprägung
156 Seiten
ISBN 978–3–19–007891–2

Ausgewanderte Wörter

4-farbige Illustrationen
Leinen, gebunden mit Folienprägung
144 Seiten
ISBN 978–3–19–107891–1

www.hueber.de

 **Hueber** Freude an Sprachen